하나님의 부르심

하나님의 부르심

초판 1쇄 인쇄 2025년 8월 22일
초판 1쇄 발행 2025년 9월 03일

지은이 정현주
펴낸이 황성연
펴낸곳 하늘기획
출판등록 제306-2008-17호
주소 경기도 파주시 광탄면 혜음로883번길 39-32

전화 031- 947-7777
팩스 0505-365-0691
편집 및 디자인 박상진
마케팅 이숙희, 최기원
제작 관리 이은성, 한승복
Copyright ⓒ 2025, 하늘기획

ISBN 979-11-92082-30-1 03230

저작권 법에 의하여 보호 받는 저작물이므로 무단전재와 무단복제를 금합니다.
이 책 내용의 일부 또는 전부를 사용 하려면 반드시 저작권자와 하늘기획 출판사의 서면 동의를 받아야 합니다.

잘못되거나 파손된 책은 구입하신 서점에서 교환하여 드립니다.

하나님의 부르심

캄보디아 음악선교,
복음이 꽃 피우다

정현주

하늘
기획

추천사

2023년 8월, 한여름에 처음 만난 메시아 음악원과의 만남은 복음적인 만남이었다. 그 만남을 통해 진한 예수의 향기를 맡을 수 있었던 시간이었다.

캄보디아 아이들과는 첫 만남이었지만, 오케스트라와 합창을 통해 마치 오래된 친구처럼 금세 친숙해질 수 있었다. 우리는 같은 곳을 향해 가는 영적 순례자들처럼 하나가 되었고, '음악'이라는 마차에 함께 올라탄 그해 여름은 지금도 선명한 기억으로 남아 있다.

결국, 시엠립 시민들을 초대해 연주한 음악회는 그 자체로 기적이었으며, 그 시간은 하나님께는 영광이요,
우리 모두에게는 참으로 감사한 시간이자 선물이었다.

- 사랑의 콘서트를 회상하며 -

지금 저는 음악목회자로서 32년째 교회와 성도들을 섬기고 있습니다.

음악목사의 길을 걷게 된 데에는 서울신학대학교 교회음악과 교수이자 선교사이셨던 민지은(Carol Michael) 교수님의 영향이 컸습니다.

그분은 혼인도 하지 않으시고, 평생을 선교와 후학 양성을 위해 헌신하셨습니다.

그 모습을 보며 저 역시 한 손에는 음악을, 한 손에는 복음을 들고 음악선교의 길을 걷고 있습니다.

그러한 마음을 지닌 귀한 한 분을, 저는 캄보디아에서 만나게 되었습니다.

정현주 선교사의 『하나님의 부르심』는 음악을 통해 변화된 삶과 신앙의 여정을 담은 감동적인 책입니다.

캄보디아라는 낯선 땅에서 찬양이 어떻게 사람들의 마음을 열고, 기적을 일으켰는지를 깊이 있게 전해줍니다.

'어떻게 선교할까'

고민하는 이들에게 이 책은 자신의 사명을 돌아보게 하

며, 신앙의 불꽃을 다시 지필 수 있는 귀한 기회를 줍니다.

정현주 선교사의 생생한 경험과 진실한 간증은 모든 성도들에게 깊은 감동을 선사하며, 그들의 마음속에도 선교에 대한 열망을 새롭게 일으킵니다.

선교에 관심 있는 이들뿐 아니라, 신앙의 도전을 받고자 하는 모든 이들, 그리고 음악(기악, 성악, 작곡, 지휘 등)의 재능을 나누고자 하는 음악인들, 찬양사역자들, 또한 선교사를 직접적으로 돕지 않더라도 기도하고 후원하는 모든 이들에게 이 책을 추천합니다.

2025년 4월 15일

이태원에서

유병용 음악목사* 드림

---

* 한국교회 음악목회연구소장, 한국교회음악협회 이사, 조치원교회 음악목사

음악은
이 땅을 적셨고,

찬양은
하늘을 열었다.

그리고 나는

그 사이에서
울었다

하나님의 손길은
눈물 위에 있었다.

누군가는 거리에서,
또 누군가는 고통 속에서,

왔다.

그 아이들에게
　찬양을 가르치자
　　놀라운 변화가 시작되었다.

그들의 목소리는 울림이 되었고
울림은 곧 기도가 되었다.

누군가는 **미쳤다고** 했다.
누군가는 **안 된다고** 했다.

그러나 나는
이 땅에서
하나님이 하시는 일을 보았다.

이 땅의 노래는
하나님께로 향했고

그 아이들의 찬양은
기적을 불렀다.

프롤로그

불꽃이 된 소명

살아남을 수 있을까?

공기는 무겁고,
밤은 깊었다.

숨이 턱 막혔다.
심장이 미친 듯이 요동쳤다.

어둠이 삼켜버린 적막 속,
길게 늘어진 그림자가 서서히 미끄러졌다.

미세한 숨소리가 귓가를 스쳤다.
손끝이 떨렸다.

쿵!

문이 흔들렸다.
심장이 멎을 듯했다.

정적
숨소리조차 삼켜진 밤이었다.

그 어둠 속,
정체를 알 수 없는 그림자가 문 너머에 서 있었다.

나는 속삭이듯 기도했다.

"주님, 어떻게 해야 합니까?"

그 순간,
마음 깊은 곳에서 울리는 음성이 있었다.

**"두려워하지 말라.
내가 너와 함께하리라."**

그 말씀이 나를 붙잡았다.

그것이 선교였다.
죽음과 맞닿아 있는 길.
그러나 주님의 손이 함께하는 길.

선교는 생명이다.

선교는 생명이다.
그러나
생명을 지켜내는 일은 언제나 치열한 전쟁이었다.

이 책은 단순한 기록이 아니다.
이것은 살아 있는 증언이다.

주님께서 나를 이끌어 오신 길,
그 길에서 마주한 영적 전쟁의 이야기다.

나는 15년 동안 캄보디아에서
음악 선교사로 사역해왔다.

아이들에게 클래식 악기를 가르치며
하나님을 찬양하게 했다.

찬양이 울려 퍼질 때,
어둠은 사라졌다.

선교는 결코 쉬운 일이 아니었다.

노력하며 나아가면
자연스럽게 길이 열릴 것이라 믿었다.

그러나 현실은 예상과 달랐다.

신념만으로 넘을 수 없는
장벽들이 곳곳에 가로막고 있었다.

방해와 핍박,
오해와 배신,
때로는 생명의 위협까지.

선교지에서의 삶은
한 걸음 내디딜 때마다 치열한 전투였다.

선교의 핵심,
그것은 바로 사랑이었다.

가장 뜨겁고,
가장 헌신적인 사랑.

선교는 사랑의 이름으로 싸우는
영적 전쟁이었다.

프롤로그

우리는 모두 선교사이다.

어느 곳에 있든지,
어떤 모습으로 살아가든지,
주님께서 주신 사명은 동일하다.

기도로 선교하는 자,
물질로 선교하는 자,
삶으로 복음을 증거하는 자,
눈물로 무릎 꿇어 중보하는 자,
복음을 들고 나아가 선교하는 자,
그 자리에서 충성하며 하나님의 나라를 세우는 자.

형태는 다르지만,
우리는 모두 선교사이며,
반드시 선교사여야 한다.

내가 살아가는 곳,
이곳이 나의 선교지다.

그리고 당신이 살아가는 그곳이,
당신의 선교지다.

당신은 그 음성을 들었다.
마음 깊은 곳에서 울리는 주님의 부르심을.

그리고 이제, 알았다.
그 부르심이 단순한 감동이 아니라,
주님의 사랑에 대한 당신의 소명임을.

마침내 깨달았다.
더 이상 외면할 수 없음을.
그 부르심 앞에서 머뭇거릴 시간이 없음을.

그렇다면,
이제 당신은 어떻게 응답할 것인가?

그 부르심 앞에서,

당신은 주저할 것인가?
아니면, 순종할 것인가?

프롤로그

우리는 모두 선교사이다.

"그런즉
그들이 믿지 아니하는 이를
어찌 부르리요,
듣지도 못한 이를
어찌 믿으리요,
전파하는 자가 없이
어찌 들으리요.
보내심을 받지 아니하였으면
어찌 전파하리요."

_로마서 10:14-15

이 책을 통해
당신은 선교지의 현실을 보게 될 것이다.

그곳에는 위대한 업적도,
눈부신 영광도 없다.

다만,
아무도 알아주지 않는
그날의 피와 땀과 눈물이 있을 뿐이다.

그러나
그 속엔 누군가의 희생과 헌신으로 맺어진
성령의 열매들이 빛나고 잇다.

그리하여
존귀하신 주님이 홀로 영광 받으시며,
그 빛과 권능이 온 세상에 충만하다.

그리고
당신은 스스로에게 질문하게 될 것이다.

"나는 내 삶을 어떻게 살아갈 것인가?"
"나는 주님의 부르심 앞에 어떻게 응답할 것인가?"

선교는 누군가의 사명이 아니다.
살아 있는 모든 그리스도인의 부르심이다.

지금,
당신은 어떤 선택을 할 것인가?
그 선택은 당신의 삶을 어디로 이끌 것인가?

우리는 모두 선교사이다.

이 책이 당신의 신앙을 흔들어,
깊은 고민과 기도의 자리로 이끌기를 바란다.

하나님이 예비하신 길을
바라보게 되기를 바란다.

하나님의 부르심 앞에
담대히 결단하게 되기를 소망한다.

선교사를 꿈꾸는 모든 이들에게는
도전과 결단이,

그리고 선교지에서 자신의 삶을 드리고 있는
모든 선교사들에게는
주님의 위로와 평안이 넘치기를 기도한다.

"내가 달려갈 길과
주 예수께 받은 사명
곧 하나님의
은혜에 복음을 증언하는 일을 마치려 함에는
나의 생명조차
조금도 귀한 것으로 여기지 아니하노라"

_사도행전 20:24

목차

추천사 **5**

프롤로그 **16**

제1부. 선교의 부르심

성령의 불길 ——————————— 30
잃어버린 소명 ——————————— 42
부르심의 길, 그 여정 속에서 ——————— 64

제2부. 선교의 전선, 영혼을 위한 전쟁

전쟁의 한복판, 영혼을 구하는 싸움 ———— 84
여우와 사라진 바퀴 ————————— 98
코코넛 커피, 생존의 도전 ——————— 118
폭풍 속 방패, 하나님의 숨결 아래 ———— 130

제3부. 찬양의 제사

고아들의 찬양, 아버지의 품에서 —— **146**
캄보디아 아이들, 한국 땅을 울리다 —— **166**
하늘을 울린, 사랑의 찬가 —— **190**

제4부. 선교, 끝없는 여정

순종의 멜로디 —— **208**
메시아 프로젝트, 하나님 나라를 향한 —— **222**

에필로그 **250**
감사의 글 **257**

부록 1. 메시아 선교 사역 연혁 _ **259**
부록 2. 선교, 각자의 자리에서 동참하는 방법 _ **264**
부록 3. QR코드로 유튜브 동영상 시청하는 방법 안내 _ **271**

1

선교의 부르심

성령의 불길

중학교 3학년, 선교사로 다짐하다

*

1980년대의 한국 교회는
성령의 불길이 활활 타오르던 시대였다.

교회마다
찬양과 기도가 끊이지 않았다.
주일 예배, 수요 예배, 금요 철야, 새벽 기도.

성도들은
하나님의 임재를 사모하며 모이기를 힘썼다.

"아멘, 할렐루야!"

두 손을 높이 들고 찬양하며,
목이 터져라 기도하고,

밤을 지새우며 부르짖다,
새벽을 맞이하는 것이 당연했던 시절이다.

우리는
모든 것이 하나님께로 부터 왔음을 믿었고,
그 무엇도 두려워하지 않았다.

하나님 한 분이면 충분했다.

우리는 기도와 찬양으로 호흡하며,
교회는 우리 삶의 중심이자 맥박이 되었다.

예수님의 사랑이
우리의 삶을 가득 채우고 넘쳐흘렀다.

그 믿음은
지금도 내 삶을 비추는 촛불이 되어
여전히 나를 이끌고 있다.

부활절과 성탄절의 감격

* *

그날은 교회 공동체 전체가 하나 되어
기쁨과 헌신으로 가득한 축제였다.

부활절은
주님의 다시 사심을 선포했으며,

성탄절은
베들레헴에서 태어나신 주님을 찬양하였다.

예배당에는 눈물의 기도와 감사가 가득했다.

어린아이부터 어른까지 모두가 연극을 준비했고,
성가대는 칸타타를 올려드렸다.

나는 언제나 그 한가운데 있었다.

마을을 울린 새벽송

✸ ✸ ✸

성탄절 전날 밤,
기타와 아코디언을 손에 든 우리는
마을을 누비며 새벽송을 불렀다.

"고요한 밤 거룩한 밤"
"기쁘다 구주 오셨네"

찬양이 밤하늘을 타고 울려 퍼지면,
마을 사람들은 기쁜 얼굴로 문을 열었다.

차가운 밤공기 속에서도,
그들은 우리를 위해
따뜻한 차와 다과를 준비해 두었다.

누구도 시끄럽다고 불평하지 않았다.
마을 전체가 하나님의 사랑으로 가득했다.

차가운 겨울밤이
따뜻한 사랑의 하모니로 아름다웠다.

새벽송을 듣고 문을 열던
어르신들의 주름진 미소가
아직도 눈앞에 선하다.

소명, 그 부르심에 응답하다

＊＊＊＊

여름과 겨울마다 열렸던 교회 수련회.
그곳에서 많은 사람들이 하나님을 만났다.

그날, 나의 영혼도 하나님을 만났다.

중학교 3학년 여름 수련회.
마지막 밤,

부흥 간사님의 메시지가
내 심장을 파고들었다.

"누가 나를 위해 갈꼬?"

순간, 내 영혼 깊숙한 곳에서
폭풍 같은 울림이 터져 나왔다.
온몸이 떨리고, 눈물이 멈추지 않았다.

나는 그대로 무릎을 꿇었다.

"하나님, 제가 가겠습니다!"
"부족한 저를 사용해 주세요!"

내 영혼 깊은 곳까지 강렬한 파동이 일었다.
내 삶의 목적이 새롭게 조명되는
숙명의 순간이었다.

하나님의 부르심이
내 영혼 깊은 곳을 울리며,
나를 새로운 길로 이끌고 있었다.

부인할수 없는
확신과 감동이 나를 감싸고 있었다.

밤하늘을 향해 치솟는 강렬한 모닥불의 화염
타닥타닥 마른 나무가 타들어가며 내는 소리

그 뜨거운 불길 사이로 스며드는
하나님의 음성.

마치 심장에 새겨지듯
선명하게 울려 퍼졌다.

그날의 거룩한 떨림이
내 인생의 불꽃이 되었다.

내 삶의 방향을 바꾸는
결정적인 전환점이 되었다.

"내가 또 주의 목소리를 들으니
주께서 이르시되
내가 누구를 보내며
누가 우리를 위하여 갈꼬 하시니
그때 내가 이르되
내가 여기 있나이다
나를 보내소서 하였더니"

_이사야 6:8

선교사의 삶을 향한 여정

* * * * *

1980년대
한국 교회는 세계 선교 열기로 뜨거웠다.

많은 젊은이들이 헌신했고,
세계 곳곳으로 파송되었다.

우리는 순교를 각오하며
예수님을 위해
목숨까지 내어놓을 준비가 되어 있었다.

그 결단이,
하나님의 나라를 향한
우리의 사랑이었다.

성령의 불길이 타올랐고,
기도와 찬양이 넘쳤으며,
우리는 선교의 순례자가 되기 위해 달려갔다.

그러나,
세월이 흘렀다.

한때 뜨겁게 타올랐던 열정과 사랑,
선교를 향한 그 간절한 비전이
삶의 무게 속에 점점 묻혀갔다.

강렬했던 불꽃이
바람 없는 등불처럼
서서히 희미해져 가는 듯했다.

그러나,
꺼진 듯한 재 속에서도
다시 타오를 불씨는,
내 안에 남아 있었다.

사랑의 주님은 결코 나를 놓지 않으셨다.

"오라 우리가 여호와께 돌아가자.
그는 우리를 찢으셨으나
도로 낫게 하실것이요,
우리를 치셨으나
싸매어 주실 것임이라."
_호세아 6:1

하나님께서 내게 주신 사명은
변함없이 내 안에 남아 있었고,

나는 결국
그 길을 걷게 되었다.

그 뜨거운 결단과 눈물은
지금까지 나를 이끌어온 신앙의 원동력이 되어
내 삶의 중심이 되었다.

나는 아직도 달려가고 있다.

넘어지고,
다시 일어서고,
부르심을 따라 쉼 없이 달려간다.

그 불꽃은
여전히 내 안에서 타오르고 있다.

하나님의 부르심은
단순한 선택이 아니다.

그것은 우리의 존재 이유이며,
삶의 목적이다.

우리를 창조하신
하나님께서 예비하신 길.

그 길 위에서 우리는 모든 것이
주님의 뜻 안에서 이루어졌음을 고백한다.

그 길이 어떤 길이든,
어떤 어려움이 있든,
하나님이 함께 하신다면 두려울 것이 없다.

하나님의 부르심에 응답할 때,
우리의 삶은 가장 빛나는 순간을 맞이한다.

"내가 이미 얻었다 함도 아니요,
이미 온전하다 함도 아니라
오직 내가 그리스도 예수께 잡힌 바 된
그것을 잡으려고 쫓아가노라.
형제들아,
나는 아직 내가 잡은 줄로 여기지 아니하고
오직 한 일,
곧 뒤에 있는 것은 잊어버리고
앞에 있는 것을 잡으려고
표 때를 향하여
그리스도 예수 안에서
하나님이 부르신 부름의 상을 위하여
달려가노라."

_빌립보서 3:12-14

잃어버린 소명

부르심을 잊다

*

나는 모태 신앙 가정에서 태어나,
어린 시절부터 교회를 다니며
하나님을 믿고 자랐다.

하나님을 위해 살겠다고
다짐했던 순간들도 있었다.

그러나
시간이 흐르면서
그 다짐은 조금씩 희미해졌고,
나는 서서히 다른 길을 걷고 있었다.

세상의 기준이 나를 휘감고,
나는 무의식적으로
그 흐름에 휩쓸려갔다.

그렇게
내 안에 있던 그 '부르심'은
점점 사라지며,
결국 잊혀졌다.

나는 나름대로
최선을 다해 살았다고 생각했다.

모든 것이
겉으로는 평범하고 안정적으로 보였다.

그러나
내 영혼 깊숙한 곳에서는
알 수 없는 공허함이 자리 잡고 있었다.

어느 날 문득,
나는 스스로에게 물었다.

"이게 정말 내가 원하던 삶일까?"

바쁜 일상 속에서,
나는 내면의 소리를 외면하며 살아왔지만,
그날따라 그 질문이 가슴 깊숙이 파고들었다.

나는 잊고 있었다.
하나님이 나를 부르셨다는 사실을.

내가 하나님의 인도하심을 따라 살기로
결단했던 순간을.

하지만
하나님은 나를 잊지 않으셨다.

그리고
나는 다시금
그분의 부르심 앞에 서게 되었다.

부서진 물통, 잊혀진 사명

* *

대학 입학 시험 날,

오전 시험을 마친 후
물을 따르려던 순간

중학교 때부터 소중히 써오던
보온 물통이 손에서 미끄러졌다.

땅—

바닥에 떨어진 물통은
안에서 깨져
산산이 부서졌다.

날카로운 파편들이
컵 속으로 와르르 쏟아졌다.

그 순간
묻어두었던 기억들이 병풍처럼 스쳐갔다.

오랜 시간
깊이 감춰 두었던 장면들이
하나 둘 떠오르며
내 마음을 아프게 조여왔다.

모닥불 앞,
하나님께서 나를 부르시던 그 순간.

눈물로 선교사의 길을 허락해 달라
간절히 부르짖던 그 밤.

잊었다고 생각했던 순간들,
외면했던 감정들이 파도처럼 밀려왔다.

그 부르심의 기쁨과 감격이
다시금 내 가슴을 채어왔다.

그러나
지금 나는 낯선 길 위에 서 있었다.

세상 사람들이 말하는 좋은 대학을 가기 위해,
그 시험지 앞에 앉아 있는
내 모습이 부끄러웠다.

세상의 성공과 안락함을 좇아 살아온
나의 모습이 초라하게 느껴졌다.

"이는 그가 우리의 체질을 아시며,
우리가 단지 먼지 뿐임을
기억하심이로다."
_시편 103:14

깨진 물통은 마치
목적을 잃어버린 나의 영혼 같았다.

목적지를 잃어버린 배처럼,
거친 파도 속을 헤매며
어둠 속을 방황하고 있는 나의 영혼은,

끝내 허공 속으로
희미하게 사라질 것만 같았다.

나는 갈라지고 부서진 채,
본래의 의미를 잃어버린 존재가 되었다.

깨진 물병의 파편 속에서
오랫동안 잊고 지냈던
그 '부르심'과 마주했다.

그날 밤,
나는 무릎을 꿇었다.

"하나님,
이제는 피하지 않겠습니다.
어디든 보내주세요."

그 순간,
오랫동안 묶여 있던
무거운 짐이 풀리는 듯했다.

흐릿했던 삶의 방향이 선명해졌다.

어두운 터널을 지나던 내가,
갑자기 밝은 빛을 마주한 것 같았다.

거센 파도에 흔들리던 배가,
드디어 안전한 항구를 발견한 것처럼,

내 마음에는
전에 없던 평안이 가득 차올랐다.

닫힌 문 앞에서

* * *

운명은
언제나 말없이 갈림길을 드리운다.

더 이상 미룰 수도 머뭇거릴 수도 없었다.
신학교를 가야겠다고 결심했다.

돌고 돌아 이제야
내 삶이 있어야 할 자리로 돌아가려 했다.

그러나
내 앞에는 거대한 장벽이 버티고 있었다.

부모님의 반대는 단호했다.

마치 단단한 벽처럼,
어떤 말로도 설득할 수 없는
완고한 반대를 하셨다.

부모님도 신실한 신앙인이었지만
딸이 신학교에 가는 것은
용납할 수 없다고 하셨다.

"안 된다. 절대 안 된다."

부르심을 향해 열린 줄 알았던 문이
차갑게 닫혀버렸다.

부르심을 향한 단식

* * * *

나의 결단이
결코 가벼운 것이 아님을 증명해야 했다.

나는 단식을 시작했다.

육의 양식을 끊고,
오직 주님의 음성에 귀 기울이기로 결단했다.

설득의 문은 닫혔고
내가 할 수 있는 건 단 하나뿐이었다.

"주여, 나를 도우소서.
하나님,
닫힌 문을 여시고 제가 걸어갈 길을 밝혀 주소서.

주님의 예비하신 길 위에서
흔들림 없이 나아가게 하소서."

허기가 깊어질수록
내 소명은 점점 더 선명해졌다.

배고픔보다 더 아픈 것은
부르심을 잃어버릴지도 모른다는
두려움이었다.

어려운 장벽 앞에서 주저앉을 수 없었다.

나는 침묵 속에서 싸웠고,
기도 속에서 버텼으며,
굶주림 속에서
더욱 강해졌다.

사명의 문이 열리다

* * * * *

"보라 내가 새 일을 행하리니
이제 나타낼 것이라
너희가 그것을 알지 못하겠느냐
반드시 내가 광야에 길을,
사막에 강을 내리니."

_이사야 43:19

며칠이 흐르고
부모님의 얼굴에는 지친 그림자가 드리웠다.

마침내
그들은 무겁게 입을 여셨다.

*"신학교에 가는 것은 허락하마.
하지만 신학은 안 된다."*

타협이었지만
나는 기꺼이 받아들였다.

신학교에 입학하지만
신학이 아닌
사회사업을 전공하는 조건이었다.

인내 끝에 피어난 기적처럼,
마침내 하나님께서 예비하신
사명의 길이 열렸다.

그렇게
나는 다시,
하나님의 길 위에 섰다.

신학교에서 찾은 새로운 길

* * * * * *

마침내 신학교에 들어갔다.

처음에 품었던 신학과는 아니었지만
사회복지학과는
나에게 새로운 가능성을 열어주었다.

나는 인간의 아픔과
사회의 현실을 깊이 이해하며
그리스도의 사랑을 실천하는 방법을 배웠다.

캠퍼스 생활 중
나는 '외항선교회'라는 동아리에 참여했다.

인천 부두로 나가
외국 선원들에게 복음을 전하는 사역은
내 신앙에 새로운 생명력을 불어넣었다.

찬양과 기도
그리고 말씀을 나누는 그 순간들이
마냥 행복했다.

운명적 만남

****

그곳에서
나는 신학을 공부하던 한 형제를 만났다.

우리는 함께 사역하며
신앙과 삶을 공유했고,
자연스럽게 사랑이 싹텄다.

우리는
함께 찬양했고,
함께 기도했고,
함께 꿈을 꾸었다.

커피 한 잔을 사이에 두고도 행복했으며,
가벼운 대화 하나에도 웃음이 번지고,
서로 마주친 눈빛 하나에도 가슴이 설레였다.

그러나
연애를 하느라
공부를 소홀히 한다는 것이 용납되지 않았다.

사랑도 뜨겁게,
학문도 최선을 다해 수련했다.

사랑하는 사람이 있기에
더 단단해졌고,
목표가 있기에 더 강해졌다.

이렇게 신학교에서의 시간은 나에게
신앙의 성장,
사랑의 결실,
그리고
사역의 비전을 더욱 강하게 심어주었다

신앙과 사랑,
두 가지 선물을 동시에 받은 시간이었다.

결혼, 새로운 시작

* * * * * * * * *

"여호와 하나님이 이르시되
사람이 혼자 사는 것이 좋지 아니하니
내가 그를 위하여
돕는 배필을 지으리라 하시니라."
_창세기 2:18

졸업과 동시에
우리는 결혼을 했다.

주님의 사랑으로 맺어진
우리의 결혼은
새로운 사역과 삶의 출발점이 되었다.

함께 걸어갈 미래에 대한
기대와 설렘으로 가득 찼다.

비록
세상의 기준에 흔들렸던 시간도 있었지만
하나님은 한순간도 나를 포기하지 않으셨다.

넘어져도
다시 일으켜 주셨고,

길이 막혀도
새 길을 내어 주셨다.

내가 나 된 것은
오직 하나님의 은혜였으며,

흔들리고 넘어졌던 시간조차도
하나님께서는
나를 다시 일으키기 위한 과정이었다.

내 삶의 모든 순간은,
처음부터 끝까지
오직 하나님의 은혜였다.

한 걸음 한 걸음이
모두 하나님의 은혜였다.

내 삶의 모든 순간이,
하나님의 은혜의 증거로 가득 차 있었다.

그 은혜가

내 삶을 다시 부르심의 자리로 인도하신다.

"그러나 내가 나 된 것은
하나님의 은혜로 된 것이니
내게 주신 그의 은혜가 헛되지 아니하여
내가 모든 사도보다 더 많이 수고하였으나
내가 한 것이 아니요
오직 나와 함께하신 하나님의 은혜로라."

_고린도전서 15:10

주의 영광 하늘을 덮고 _작사, 작곡 정현주

내가 여호와를 향하여 손을 펴고
내 영혼이 마른 땅같이
주님을 사모하니

숨 쉬는 순간마다,
내 삶의 순간마다
주님을 찬양합니다.

주의 영광 하늘을 덮고
주의 사랑 온 땅 위에
이곳에 영원토록 충만하네

주님의 사랑으로, 우리를 구원하소서

주님의 능력으로, 높임을 받으소서

그 인자하심이 영원하며
여호와의 영광이 크심이라

주의 영광 하늘을 덮고

부르심의 길,
그 여정 속에서

호주에서의 새로운 시작

*

졸업 후,
우리는 결혼을 통해 새로운 삶을 열었다.

하나님이 예비하신 길을 따라
호주로 떠났다.

남편은 신학원에서
신학을 더 깊이 연구하며 학업의 길을 걸었고,

나는 그의 곁에서 가정을 이루며
그 여정을 함께했다.

호주의 하늘은 푸르고 광활했다.

그 하늘 아래 끝없이 펼쳐진 대지는
자유와 행복을 품고 있었다.

첫째 딸이 태어난 날.
그녀의 작은 손이 내 손을 감싸던 순간,

마치 하나님께서 나를 축복하시듯
따뜻한 기운이 번져왔다.

가슴 깊이 파고드는 감격을 잊을 수 없다.
그녀의 사랑스러운 얼굴을 처음 마주했을 때,
내 삶에 새로운 의미가 생겼음을 깨달았다.

하나님께서 내게 주신
가장 크고 놀라운 선물이었다.

그리고 둘째 아들이 태어났다.

그의 첫 울음 소리는
차가운 공기를 가르며 퍼져 나갔다.

마치 얼어붙은 대지를 깨우는 첫 꽃처럼,
새로운 계절이 시작되는 순간이었다.

그 작은 존재가
우리 품에 안기는 순간,

나는 하나님께서
우리 가정에
거룩한 생명의 선물을 허락하셨음을
온몸으로 깨달았다.

눈물이 차올랐다.
가슴 깊은 곳에서
뜨거운 감정이 함께 북받쳐 올랐다.

기쁨과 감사가 파도처럼 밀려와
우리의 삶을 환희로 가득 채워 주셨다.

두 아이의 웃음은
우리의 삶을 따뜻하게 물들이고,
사랑은 끝없는 축복이 되어 흐르기 시작했다.

우리는 서로를 격려하며,
날마다
하나님의 은혜 안에서 새롭게 살아갔다.

한국으로의 귀환, 신학 대학원 진학

* *

하나님은
우리를 다시 한국으로 부르셨다.

남편은 한국 성결교단에서
목사 안수를 받기로 결심했다.

그는 신학 대학원에 진학해
더욱 깊이 말씀을 연구했다.

나는 그의 곁에서 그 걸음을 응원했다.

그리고
하나님은 또 다른 축복을 허락하셨다.

셋째 딸,
그리고 넷째 딸.
우리의 가정은 더욱 풍성해졌다.

네 아이의 손을 잡고,
우리는 하나님께서 이끄시는 삶을 걸어갔다.

자녀들은 우리의 힘이자,
기쁨의 원천이 되었다.

그들의 존재는
우리 가정을 훈련하고,
단련하며,
새로운 비전을 보게 했다.

하나님은
그들을 통해 우리를 더욱 강하게 하셨다.

통역에서 시작된 교회

* * *

남편이 신학 대학원에서 공부하던 시절,
하나님은 예기치 않은 방법으로
우리를 사역으로 인도하셨다.

대전의 유성에
필리핀 가수들과 밴드들이 공연하며
생계를 이어가고 있었다.

그러나
낯선 땅에서 그들은 수많은 문제에 부딪혔다.

사장과의 갈등, 숙소 문제, 임금 미지급

그리고 무엇보다 가장 큰 장벽은 언어였다.
남편은 그들의 어려움에
귀 기울이며 통역을 시작했다.

문제를 함께 해결하며,
그들의 아픔을 이해하고 위로하는 과정이었다.

그렇게 그는 단순한 통역을 넘어,
마음을 나누고 함께하는
동역자가 되어 갔다.

그러나
그들에게 필요한 것은
단순한 문제 해결이 아니었다.

일시적 도움만으로는
그들을 온전히 회복시킬 수 없었다.

그들이 진정으로 갈망하는 것은,
지친 삶의 무게를 내려놓고
하나님께 예배할 수 있는 거룩한 공간이었다.

마음껏 찬양하고 기도하며
영혼의 안식을 누릴 수 있는 예배 처소

참된 위로와 소망을 얻을 수 있는
교회가 절실했다.

그리하여
첫 외국인 영어 예배가 시작되었다.

처음엔
몇몇 필리핀 가수들과 밴드 멤버들이 모여
찬양을 올려드렸다.

그 작은 모임은
곧 열방이 모여드는 교회로 성장했다.

"그들이
사도의 가르침을 받아
서로 교제하며
떡을 떼며
기도하기를 힘쓰니라."

_사도행전 2:42

천국의 예배

✱ ✱ ✱ ✱

하나님께서는
더욱 많은 사람들을 교회로 인도하셨다.

몽골과 중국의 유학생들,
아프리카에서 온 서커스 단원들,
캐나다, 호주 원어민 강사들까지.

국경과 문화,
언어를 초월한 예배가 시작되었다.

그들은 피부색도 다르고,
사용 언어도 달랐지만
예배의 순간, 우리는 하나였다.

작은 공간이었지만,
찬양이 시작되자 벽이 무너지고
하늘이 열린 듯한 기쁨이 넘쳐흘렀다.

몽골 형제,
필리핀 자매는 온몸으로 찬양을 드렸다.

아프리카 청년들은
손뼉을 치며 찬양했고,

중국 형제는
춤을 추며 기도했다.

각기 다른 언어와 문화였지만,
그 순간 우리는 한마음이었다.

'이것이 하늘의 예배구나'
하는 감동이 밀려왔다.

예배당을 가득 메운 찬양의 소리는,
마치 온 민족과 열방이
한마음으로 드리는
거룩한 화음 같았다.

"주여
주께서 지으신 모든 민족이 와서
주 앞에 경배하며
주의 이름에
영광을 돌리리이다."
_시편 86:9

필리핀 가수들의 찬양은
영혼을 울리는 선율이었고,

중국 무용팀의 춤은
찬양의 감동을 눈앞에 펼쳐 보였다.

아프리카 서커스 단원들의 퍼포먼스는
온몸으로 하나님께 드리는 뜨거운 예배였다.

그들의 춤과 노래,
그리고 간절한 기도가 하나 되어
천상의 예배로 변화시켰다.

"할렐루야!"

    그 찬양이 하나 되어 울려 퍼지는 순간,
    우리는 국적도 언어도 초월한 한 가족이었다.

    언어와 문화의 장벽을 넘어,
    오직 하나님을 예배하는 하나의 공동체가 되었다.

    그곳은
    열방이 함께 찬양하는 하나님의 성전이 되었다.

10년의 시간, 사역과 단련

* * * * *

그렇게 10년이 흘렀다.
그 시간은 인내와 연단의 시간이었다.

우리는 불 속에서 쇠가 단련되듯,
하나님의 손에 의해
깎이고 다듬어졌다.

때로는 지쳤고,
때로는 앞이 보이지 않았다.

지쳐 무릎 꿇던 날에도,
눈물 속에서 기적을 구하던 날에도,
하나님은 언제나 우리와 함께하셨다.

그 모든 시간이,
선교를 향한 준비였음을 이제는 안다.

하나님께서 예비하신 그 길 위에서,
우리는 마침내
첫 걸음을 내디딜 준비가 되어 있었다.

새로운 부르심

* * * * * *

마흔이 되었다.

삶은 깊이를 더해 갔고,
기쁨과 슬픔,
도전과 실패의 순간들이
차곡차곡 쌓이며
나를 다듬어 갔다.

그 모든 시간이 마치 정련의 불과 같아,
내 신앙과 소명을
더욱 단단하게 빚어내고 있었다.

마침내
하나님께서 예비하신 때가 찾아왔다.

네 아이의 손을 잡고,
여섯 식구가 선교지로 향하는 비행기에 올랐다.

낯선 땅, 캄보디아.

****

미지의 땅,
한 번도 가보지 않은 곳이지만,

그곳에서 만나게 될 영혼들과
앞으로 펼쳐질 하나님의 역사를 생각하니
두근거림을 멈출 수 없었다.

거센 비행기 엔진 소리를 들으며
창밖을 바라보았다.

비행기가 활주로를 박차고 오를 때,
심장이 덩달아 뛰기 시작했다.

창밖으로 보이는 서울의 불빛이 점점 흐려졌다.

이곳에서
울고, 웃고,
사랑하며 보낸 시간들이 필름처럼 스쳐 지나갔다.

"하나님, 이 길이 맞나요?"

　　잠시 두려움이 엄습했다.

　　그러나
　　곧 마음 깊은 곳에서 주님의 음성이 들려왔다.

"내가 너와 함께하리라."

　　그 말씀 한 마디에 모든 염려가 사라졌다.

　　나는 다시 고개를 들고,
　　앞으로 나아갈 준비를 했다.

"하나님, 이제 나아갑니다."

　　어떤 사람들이 나를 기다리고 있을까?
　　어떤 도전과 기적이 펼쳐질까?

두려움은 사라졌다.

이제, 나의 심장은 사명을 향해 뛴다.
이제, 나는 주님의 길 위에 서 있다.

한 걸음 내디딜 때마다,
주님이 예비하신 길을 따라가는 기쁨이 밀려왔다.

포도나무 교회 동영상 큐알
QR Code for Vine Church Video

첫째, 이아라 연주 동영상
First, Ara's Performance Video

둘째, 이아론 연주 동영상
Second, Aron's Performance Video

셋째, 이아린 연주 동영상
Third, Arin's Performance Video

막내, 이아란 연주 동영상
Youngest, Aran's Performance Video

2

선교의 전선, 영혼을 위한 전쟁

첫 선교지

*

새로운 땅에 첫발을 내디뎠을 때,
내 마음은 설렘으로 가득했다.

하나님께서 예비하신 곳에서
놀라운 일들이 펼쳐질 것만 같았다.

그러나
현실은 그 기대를 무너뜨렸다.

선교지의 영적 전쟁은 경고도 없이 몰아쳤고,
보이지 않는 거센 파도가
나를 집어삼키려 했다.

나는 그곳에서
전쟁을 경험했다.

총성과 폭발음이 없는 전쟁이었지만,
보이지 않는 칼날이 영혼을 겨누고 있었다.

어둠의 세력은 끊임없이 속삭이며
두려움을 심어주었고,
믿음을 흔들어 놓으려 했다.

기도하지 않으면 쓰러질 것 같았고,
말씀을 붙잡지 않으면
길을 잃고 헤맬 것만 같았다.

이 싸움에서 물러서면,
나뿐만 아니라
내게 맡겨진 영혼들도 쓰러질 터였다.

내가 이 이야기를 기록함은
누군가를 비난하기 위해서도,
선교의 어두운 면을 폭로하기 위해서도 아니다.

그 전쟁이 나를 단련시켰고,
다시는 방심하지 않도록
경고가 되었기 때문이다.

"우리의 씨름은
혈과 육을 상대하는 것이 아니요,
정사와 권세와
이 어두움의 세상 주관자들과
하늘에 있는 악한 영들을 상대함이라."
_에베소서 6:12

깊은 상처였지만,
그 안에서조차 하나님의 손길은 선명했다.

그것 또한 나를 연단하신
 주님의 사랑이었음을,
나는 이제 안다.

금지된 친교

* *

수도 프놈펜에서 차로 두 시간.

끝없는 평야를 지나자,
거대한 건물들이 위용을 드러냈다.

유치원에서 고등학교까지 이어지는 학교 건물들.
신학교와 기숙사,
선교사 숙소와 현지 사역자들의 처소.
그리고 앞으로 세워질 크리스천 학교의 터전까지.

그곳은
철저한 계획과 막강한 재정으로,
한국의 대형 교회들이 지원하는 '완벽한' 선교지였다.

남편은 신학교에서 강의를 맡았다.

나는 학생들을 만나,
그들의 삶 속으로 들어가고 싶었다.

복음의 열정으로,
사랑으로,
함께 걷고 싶었다.

아이들의 손을 잡고 이야기 나누고,
나의 집으로 초대해 따뜻한 밥을 나누며,
그들의 눈을 바라보며 복음을 전했다.

그러나 우리가 했던 모든 일은,
이곳에서 '금지된 일'이었다.

그곳에는 엄격한 규칙이 있었다.

현지인과의 개인적인 만남은 허락되지 않았다.
누군가를 집으로 초대해 식사하는 것조차 금지되었다.

나는 숨이 막혔다.

"도대체 왜?
어떻게 사랑을 전해야 할 이 선교지에서,
사랑할 자유조차 빼앗길 수 있는가?"

그러나
시간이 흐르며,
나는 그 이유를 알게 되었다.

겉으로는 평온해 보였지만,
그 안에는 결코 밝혀져선 안 될
어둠이 도사리고 있었다.

대표자의 독재와 폭력,
거짓과 속임수, 문란한 사생활.

그들의 왕국이 무너지지 않기 위해,
관계는 차단되고,
교제는 금지되었다.

그들은 철저히 비밀을 봉인했다.

생명책에서 지워진 이름

* * *

어느 수요일 저녁, 예배당.
대표 선교사는 두 신학생의 이름을 불렀다.

공기 속에 울려 퍼지는 이름.
그리고 차가운 명령.

"일어나라."

숨막히는 정적.

학생들이 천천히 일어났다.
그들의 몸이 떨리고 있었다.

그 선교사의 목소리가 다시 울려 퍼졌다.

*"주님의 이름으로 명하노니,
너희를 저주한다!"*

*"오늘부로 너희의 이름은
주님의 생명책에서 영원히 지워진다."*

공기가 얼어붙었다.
모두가 숨을 삼켰다.

두 학생의 눈동자는 공포로 가득 찼다.

그 말이 내 심장을 찢었다.

*"어떻게 이런 일이 일어날 수 있는가?
누가 감히 그들의 이름을
생명책에서 지울 수 있는가?"*

*"우리가 사랑해야 할 영혼들을,
어찌하여 저주의 심연으로 내몰 수 있는가?"*

그들이 저주받은 이유는 단 하나였다.
서로를 사랑했기 때문이다.

학생 간의 연애는 금지된 규율이었고,
그들은 그 규율의 본보기로 희생되었다.

그날 이후,
한 여자 목사님이 병을 얻었다.

충격을 이기지 못한 그녀는
여러 교회에 탄원서를 보냈지만,
어떤 변화도 일어나지 않았다.

귀신들림, 영적 전쟁의 심화

✻ ✻ ✻ ✻

깊은 밤.
여자 기숙사에서 찢어지는 비명이 터져 나왔다.

한 여학생이
발코니 난간에 매달려 있었다.

친구들이 안간힘을 다해 그녀를 붙잡고 있었다.

"도와주세요!"

어둠을 가르는 칼날 같은 절규.
공포가 우리를 짓눌렀다.

"누군가 나에게 뛰어내리라고 계속 말해.
비켜! 붙잡지마!"

그녀의 목소리는 섬뜩했다.

그녀의 눈동자가 뒤집혀
창백한 흰자만이 드러났다.

우리의 몸도 부들부들 떨렸다.
어둠이 우리를 빨아들이는 것만 같았다.

"예수의 이름으로 명하노니,
 악한 영은 떠나갈지어다!

 예수의 보혈의 피로,
  사탄의 영은 떠나갈지어다!

  성령의 불이 임하여,
   마귀는 떠나갈지어다!"

남편과 신학생들이 그녀를 붙잡고 기도했다.

기도는 한참 이어졌고,
그녀의 몸이 점차 고요해졌다.

그날 이후에도,
같은 일이 더 반복되었다.

선교지에서의 영적 전쟁은
우리가 상상한 것보다 훨씬 깊고 어두웠다.

그러나,
아무리 어둠이 강해도,
빛은 결코 사라지지 않는다.

그 땅을 향한 하나님의 계획은
결코 흔들리지 않기 때문이다.

그 싸움에서 승리하는 길은 단 하나.
오직 어린양의 보혈 뿐이다.

"또 우리 형제들이
어린 양의 피와
자기들이 증언하는 말씀으로써
그를 이기었으니
자기들의 목숨을 아끼지 아니하고
죽기까지 하였도다"
_요한계시록 12:11

여우와 사라진 바퀴

고립된 여우

*

"우리가 사방으로 우겨쌈을 당하여도
싸이지 아니하며,
답답한 일을 당하여도
낙심하지 아니하며,
박해를 받아도
버린 바 되지 아니하며,
거꾸러뜨림을 당하여도
망하지 아니하고"

_고린도후서 4:8-9

사역지의 대표 선교사님은
우리가 온 순간부터
모든 문제가 시작되었다고 선언했다.

그는 설교와 광고 시간마다
단호한 목소리로 우리를 겨냥하며 외쳤다.

"여우가 들어왔다."

성경 속의 여우.
포악하고 간교한 존재.

밭을 망가뜨리고,
양 떼를 해치며,
공동체를 무너뜨리는 악한 것.

그 여우가 바로 우리라고 했다.

"그들을 경계하라.
누구도 그들과 말을 섞지 말고,
가까이해서는 안 된다."

그날 이후,
공기는 얼음처럼 차가워졌다.

신학생들은
우리 곁을 스칠 때마다 발걸음을 재촉했고,
어떤 이는 아예 반대편으로 돌아가 버렸다.

사역자들은
마치 우리가 보이지 않는 사람이라도 된 것처럼
눈길 한 번 주지 않은 채 등을 돌렸다.

단기든 장기든,
선교사들조차 우리를 모른 척했다.

그들은 불편한 듯 시선을 피했고,
말을 걸려다 망설이다가
그대로 입을 다물었다.

어느 날,
가르치는 제자 한 학생이 손을 내밀어 인사를 하려 했다.

그러나 곧 주위를 살피더니
급히 손을 거두고 고개를 푹 숙인 채 사라졌다.

우리는 존재하지만,
존재하지 않았다.

우리는 말도,
눈길도 허락되지 않은 존재가 되었다.

고립된 여우.
우리는 그렇게 낯선 땅에 남겨졌다.

길 위에 버려진 나의 가족

✶ ✶

선교지로 떠나기 전,
우리는 두 대의 자동차를 준비했다.

하나는
우리 가족이 한국에서 타고 다니던 카니발이었다.

넉넉한 공간 덕분에
아이들과 함께 이동하기에 좋았고,

짐을 실을 때도 유용한
우리의 가족 차량이었다.

다른 하나는 아버님께서
선교 사역을 위해 후원해 주신
4륜구동 겔로퍼였다.

험한 길도 거뜬히 달릴 수 있어,
사역지에서 필수적인 차량이었다.

비포장도로와 진흙길이 많은 선교지 환경을 고려하면,
이 차는 단순한 이동 수단이 아니라
사역의 중요한 도구였다.

캄보디아 출발을 앞두고,
사역지 대표 선교사님이 말했다.

"이 차들은 선교 사역용이니,
선교단체의 NGO 명의로 등록해야 합니다.
그래야 세금 없이 반입할 수 있습니다."

그렇게,
자동차 두 대는 우리의 이름이 아닌
단체의 소유로 등록되었다.

우리를 여우로 만들고,
고립된 시간이 계속되던 어느 날,

그 대표 선교사는 남편을 불러냈다.

사무실에 들어서자,
단기 선교사 몇 명이 이미 자리를 잡고 있었다.

그들의 시선은 흔들렸고,
분위기는 냉랭했다.

남편이 앉기도 전에,
그 대표 선교사는 단호하게 입을 열었다.

**"당신들의 사역은 이 곳과 맞지 않습니다.
자동차 두 대의 세금을 캄보디아 정부에 내고,
차를 가지고 조용히 떠나 주십시오."**

남편은
내일 당장 떠난다는 대답을 하고 그 자리를 나왔다.

다음 날,
남편과 아들은 자동차에 짐을 싣기 위해 나갔다.

그러나 그 순간,
눈앞의 광경은 우리를 절망으로 내몰았다.

밤사이 누군가 손을 댔다.

카니발의 앞바퀴 두 개.
겔로퍼의 앞바퀴 두 개.

사역지에서 우리의 발이 되어 주던
소중한 두 대의 차가
이제는 앞바퀴가 빠진 채
덩그러니 놓여 있었다.

사방이 막힌 이곳에서,
마지막 희망이었던 차들은
더 이상 달릴 수 없는
초라한 모습으로
땅바닥에 주저앉아 있었다.

억울함이 가슴을 쥐어뜯었다.

내가 한 일은 오직 하나님을 섬기는 것이었는데,
왜 이런 일을 당해야 하는 걸까

원통함이 하늘을 뒤흔들고,
분노가 용암처럼 끓어 올랐다.

우리가 사역을 위해
간절히 기도하며 준비한 것이었고,

선교지에서 정착할 수 있도록 도와줄
든든한 동반자였다.

사역지의 험한 길을 달리며,
사람들을 만나고,
복음을 전하도록 돕는 도구였다.

앞바퀴가 사라진 채,
철저히 망가진 모습으로.
이제 한낱 고철덩어리가 되어버렸다.

"이제는 내 생명이 내 속에서 녹으며
환난의 날이 나를 사로잡음이라.
밤이되면 내 뼈가 쑤시니
나의 아픔이 쉬지 아니하는구나."
_욥기 30:16-17

바퀴 잃은 삶, 믿음 하나로 나아가다

✳ ✳ ✳

한 낮 기온이 40도를 넘는 캄보디아의 태양 아래,
우리는 캄보디아 땅 한복판에서
철저히 버려졌다.

아는 사람도,
갈 곳도 없었다.
우리는 이제 어디로 가야 할지조차 알 수 없었다.

믿었던 길이 막히자,
남은 것은 오직 하나님뿐이었다.

우리 가족은 무작정 프놈펜으로 향했다.

첫 선교지에서 짐을 푼 지
불과 5개월 만에,
우리는 남겨진 자동차 두 대를 뒤로 한 채,
첫 사역지를 떠났다.

바퀴를 잃은 자동차처럼,
우리의 삶도 땅에 내려앉은 것만 같았다.

두대의 자동차도,
우리의 가족도 처량했다.

하지만 멈출 수는 없었다.

길이 없어도 걸어야 했고,
목적지가 없어도 나아가야 했다.

우리를 내몰던 자들도
우리를 멈출 수는 없었다.

고립되고,
버려지고,
짓밟혀도,
우리는 결코 멈추지 않기 때문이다.

자동차의 바퀴는 사라졌지만,
하나님의 길은 막히지 않는다.

무작정 수도 프놈펜으로 향했다.
프놈펜 공항을 지나,
도시 외곽의 외딴 집 한 칸에 자리를 잡았다.

전기는 하루에도 몇 번씩 끊겼고,
전기가 없으면 수도도 멈췄다.

수돗물이 멈추면,
컵 하나에 물 한잔 조차 얻을 수 없었다.

이글거리는 태양아래,
기저귀를 찬 막내딸의 피부는 붉게 달아올랐다.

땀띠는 작은 몸을 집요하게 괴롭혔다.
부채로 바람을 일으켜도,
그 더위는 가실 줄 몰랐다.

작은 몸을 뒤덮은 땀띠는
끊임없이 아이를 괴롭혔다.

모든 것이 불확실했지만,
우리는 믿음 하나로 프놈펜 신도시로 향했고
신실하신 하나님은 길을 열어주셨다.

우리는 마침내 프놈펜 신도시로 거처를 옮겼다.

비로소, 언제든 샤워를 할 수 있고,
어둠이 두렵지 않은 집에서 잠들 수 있었다.

그 당연한 일들이,
우리에게는 가장 큰 축복처럼 여겨졌다.

"그러므로
염려하여 이르기를
'무엇을 먹을까,
무엇을 마실까,
무엇을 입을까?' 하지말라.
이는 다 이방인들이 구하는 것이라.

너희 하늘 아버지께서
이 모든 것이 너희에게 있어야 할 줄을 아시느니라.
그런즉 너희는
먼저 그의 나라와 그의 의를 구하라.
그리하면
이 모든 것을 너희에게 더하시리라."

_마태복음 6:31-33

메시아 학교, 거대한 비전

* * * *

프놈펜 신도시 한켠,
조용했던 우리 집이 학교가 되었다.

아침이면 아이들의 기도 소리가 울려 퍼졌고,
찬양과 성경 암송이 집 안을 가득 채웠다.

그렇게 메시아 학교가 시작되었다.

캄보디아의 공립학교 교재에는
불교 사상이 깊이 배어 있다.

어린 시절부터
그들은 불교의 문화와 관습 속에서 길러진다.

그들에게
예수 그리스도의 이름을 전한다는 것은,
수천 년을 이어온 전통의 벽을 넘어서는 일이다.

그러한 이유로
무엇보다 어린이 사역이 중요하다.

우리는 어릴 때부터 진리를 심어야 한다.
어린 영혼에 새겨진 복음은,
결코 지워지지 않기 때문이다.

동남아시아 선교의 미래는
어린이들에게 달려 있다.

그리고 전 세계 선교의 열쇠 역시
어린이들에게 있다.

캄보디아 아이들의 마음밭 깊숙이,
주님의 사랑과 은혜를 새겨야 한다.

그것은 결코 지워지지 않을 것이다.

그 사랑이 그들의 삶을 뒤흔들고,
그 은혜가 그들의 영혼을 깨워
결코 지워지지 않는 진리가 되어야 한다.

이 작은 학교에
한 아이, 한 아이가
각자의 악기를 들고
하나님을 찬양하기 시작했다.

메시아 학교는
단순한 배움의 공간을 초월한다.

이곳은
하나님의 나라를 위한 찬양의 전초기지,
세상을 뒤흔들 음악 사역자들의 요람이다.

우리는 말씀으로 무장해
찬양으로 세상을 변화시킬
주님의 군대를 길러낸다.

아이들의 찬양이 울려 퍼질 때,
어둠은 물러가고,
새벽이 온다.

이곳에서 시작된 작은 노래가,
캄보디아의 거리마다,
마을마다,
열방 곳곳에 울려 퍼질 날이 올 것이다.

"여호와를 찬송할 것은
그가 아름다운 일을 하셨음이라.
온 땅이 이를 알게 할지어다."
_이사야 12:5

"온 땅이여
여호와께 즐거운 찬송을 부를지어다.
기쁨으로 여호와를 섬기며 노래하면서
그의 앞에 나아갈지어다."
_시편 100:1-2

찬양의 불길이
캄보디아를 넘어 열방으로 번질 것이다.

이 작은 학교에서 시작된 노래가,
수많은 민족의 언어로 울려 퍼질 날이 올 것이다.

한때 고립된 여우였던 우리는,
이제 찬양의 깃발을 들고 일어섰다.

우리를 내몰았던 자들은 우리를 지웠지만,
하나님은 우리를 세우셨다.

찬양의 불길은 이제 시작되었고,
우리는 흔들림 없이 끝까지 전진할 것이다.

선교는, 결코 멈추지 않는다.

"할렐루야, 아멘!"

"할렐루야!
그의 성소에서 하나님을 찬양하며,
그의 권능의 궁창에서
그를 찬양할지어다.

그의 능하신 행동을 찬양하며,
그의 지극히 위대하심을 따라 찬양할지어다.

나팔 소리로 찬양하며,
비파와 수금으로 찬양할지어다.

소고 치며 춤추어 찬양하며,
현악과 퉁소로 찬양할지어다.

큰 소리 나는 제금으로 찬양하며,
높은 소리 나는 제금으로 찬양할지어다.

호흡이 있는 자마다 여호와를 찬양할지어다.
할렐루야!"

_시편 150:1-6

MESSIAH

메시아 학교 소개 동영상
Q Introduction Video of Messiah School

메시아 어린이 합창 동영상
Messiah Children's Choir Video

메시아 합창대회 참가 동영상
Messiah Praise Competition Video

코코넛 커피, 생존의 도전

메시아 학교, 희망의 씨앗이 되다.

*

메시아 학교는
찬양과 함께 부흥했다.

아이들의 노래가 울려 퍼지며,
희망이 싹트기 시작했다.

아이들은
음악 속에서 마음을 열었고,
배움의 기쁨을 알아갔다.

선생님들은
기도로 아이들을 품었고,

그 작은 손끝에서 피어난 선율은
향기가 되어 하늘로 올려졌다.

믿음 위에 세워진 학교는
찬양과 기도로 숨 쉬었다.

세월이 흐르며 학교는 자라났다.

배움터는 넓어졌고,
교실은 북적였으며,
새로운 악기가 손에 쥐어졌다.

마침내,
우리는 학교다운 학교를 갖게 되었다.

낡은 공간을 떠나
제대로 된 교실로 나아갔다.

깨끗한 칠판,
가지런한 책상,
그리고 벽을 가득 채운 악보들.

아이들은
더욱 깊이 찬양했고,
배움의 불길은 더욱 뜨겁게 타올랐다.

그렇게 10년의 시간이 흘렀다.

우리는
배우고,
찬양하고,
기도하며 성장해왔다.

사막의 바람, 모든 것이 멈추다

* *

그러던 어느 날,
세상이 멈췄다.

거리는 적막했고,
교실은 텅 비었다.

피아노 건반 위에는
먼지가 쌓였고,
벽에 걸린 찬양 가사는 바람에 흔들렸다.

아이들이 떠난 학교에는
기도 소리마저 희미했다.

한국에서 오던 후원도 끊겼고,
수업료도 더는 기대할 수 없었다.

밀려오는 월급, 임대료, 운영비.
숨조차 버거운 날들이 이어졌다.

뉴스에서는
감염자 수가 폭우처럼 쏟아졌고,

시장은 닫히고,
사람들은 서로를 두려워했다.

모든 것이 정지된 듯한 정막감이
메시아를 덮어버렸다.

코코넛 향기를 커피 속에

*＊＊

텅 빈 교실에 가만히 앉아 있었다.

책상이, 칠판이, 피아노가 그대로였지만,
아이들은 없었다.

주머니는 텅비고
남은 건 몇 장의 돈과,
하나님이 주신 사명뿐이었다.

포기할 수는 없었다.

수많은 아이들의 꿈이 자라고 있는 이곳을,
하나님께서 세우신 학교를
이대로 무너뜨릴 순 없었다.

눈앞에 닥친 현실은 냉혹했고,
재정은 바닥을 드러냈으며,
도움을 구할 곳조차 마땅치 않았다.

하지만 내가 무너진다면,
이곳에서 찬양하며 자라던
아이들의 미래도 함께 무너질 것이었다.

기도할 수밖에 없었다.
믿음으로 버틸 수밖에 없었다.

반드시 이 어려움을 넘어서야만 했다.

마지막 남은 돈을 손에 쥔 채 기도했다.

"하나님, 이제 무엇을 해야 합니까?"

그 순간,
문득 주변을 둘러보니
코코넛이 눈에 들어왔다.

이 땅에서 흔하게 볼 수 있는 열매.

우리는 집 앞에 작은 가판대를 세웠다.

갓 짜낸 코코넛 밀크에
진한 커피를 더해
코코넛 커피를 팔기 시작했다.

커피 한 잔이
손에서 손으로 건네질 때마다,

하나님은 우리의 작은 노력을 통해
길을 열어 가셨다.

절망의 무게에 짓눌릴 때도,
주님은 보이지 않는 손길로
우리를 일으키셨다.

넘어질 듯 비틀거리는 순간마다,
다시 걸어갈 용기와 힘을 허락하셨다.

그분의 사랑이
보이지 않는 빛이 되어 앞길을 비추었다.

코코넛 향이 바람을 타고 번질 때마다,
그 안에 우리의 기도가 스며들어 퍼져 나갔다.

희망은 그렇게,
가장 작고 평범한 순간 속에서 자라고 있었다.

깊어지는 밤, 꺼지지 않는 불빛

* * * *

커피로 시작된 일은 점점 커졌다.

피자, 치킨강정, 햄버거, 김밥, 떡볶이까지.
손님들의 주문이 늘어나며
메뉴도 많아졌다.

주문이 많아지자
한식 도시락을 만들었고,
달콤한 디저트까지 추가했다.

아침부터 밤까지
주방의 불은 꺼지지 않았다.

뜨거운 프라이팬 위에서 기름이 튀었고,
솥에서는 국물이 끓어넘쳤다.

밀려드는 주문서,
땀에 젖은 손,
쉴 틈 없이 돌아가는 주방.

배달 오토바이 소리는 끊이지 않았다.

밤이 깊도록 주방은 전쟁터였지만,
지칠 틈도 없었다.

코코넛 커피 한 잔에서 시작된 작은 씨앗이
이제는 기적의 길을 열어 가고 있었다.

기도로 붙들고,
가족의 헌신으로 견뎌낸 시간들.

절망이 드리운 순간에도
포기하지 않았기에,
메시아 학교는 폭풍을 지나
다시금 빛을 향해 나아갔다.

우리가 믿음으로 지핀
희망의 불꽃은
어둠을 가르고
더욱 뜨겁게 타올랐다.

그리고
찬양은 마른 땅을 적시는 단비가 되어
죽어가던 꿈들을 다시 피어나게 했다.

이제 메시아 학교는
다시 찬양과 기도로 부흥하고 있다.

"비록 무화과나무가 무성하지 못하며
포도나무에 열매가 없으며
감람나무에 소출이 없으며
밭에 먹을 것이 없으며
우리에 양이 없으며
외양간에 소가 없을지라도
나는 여호와로 말미암아 즐거워하며
나의 구원의 하나님으로 말미암아
기뻐하리로다."

_하박국 3:17-18

메시아 학교 악기 연습 동영상
Messiah School Instrument Practice Video

폭풍 속의, 방패 하나님의 숨결 아래

새로운 발걸음, 씨엠립으로 떠나다

*

메시아 학교에서의 10년.
우리는 멈출 새도 없이 달려왔다.

아이들의 꿈을 일으키고,
믿음의 터전을 세우며
쉴 틈 없이 앞만 보고 걸어왔다.

그러나
쉼 없이 달린 걸음은
마침내 한계에 다다랐다.

지친 몸은
더 이상 버틸 수 없었고,

깊은 밤마다 쌓여가는 피로는
마음까지 무겁게 짓눌렀다.

더 버티려 애썼지만,
이제는 멈춰야 했다.

달려온 길 위에 고요히 서서,
주님 앞에 다시 무릎 꿇을 시간이 필요했다.

마침 캄보디아 교장 선생님을 새로 모시게 되었고,
우리는 오랜 기도의 끝에 결단했다.

더 멀리,
더 오래 달리기 위해
우리는 처음으로
'안식'이라는 시간을 받아들이기로 했다.

지친 몸과 마음을 회복하고,
주님 앞에서 다시 힘을 얻기 위해
우리는 씨엠립으로 향했다.

음악을 전공하고자 하는
몇몇 제자들과 함께 했다.

그들에게 더 깊이 배우고
성장할 수 있는 기회를 주고 싶었다.

주님 안에서 쉼을 찾고,
찬양을 통해 영혼의 평안함을 누리고자 했다.

바쁜 사역 속에서 미처 듣지 못했던
하나님의 음성에 귀를 기울이며,

조용히 기도하고
묵상하는 시간을 갖고 싶었다.

그리고 찬양과 함께 숨 쉬며,
하나님 안에서 다시 회복되길 바랐다.

이것은 단순한 쉼이 아니라,
앞으로 나아가기 위한 새로운 준비였다.

더 깊은 믿음으로 걸어가기 위한
또 하나의 여정이라 믿었다.

예기치 않은 부르심

* *

새로운 계절이 다가오고 있었다.

그곳에서만큼은
세상의 소란에서 벗어나,
온전히 쉼과 연습에 몰두하고 싶었다.

그러나
우리의 바람과는 다르게,
쉼은 허락되지 않았다.

예상치 못한 길이
우리 앞에 열려 있었다.

씨엠립에 머물던 어느 날,
우리는 한 국제 NGO 단체를 알게 되었다.

인력 부족으로 심각한 위기에 처해 있었다.
그들의 절박한 상황을 외면할 수 없었다.

도움을 주고 싶다는 마음이 들었고,
우리는 잠시라도 힘이 될 수 있기를 바라며
입사를 지원했다.

하지만 그것은 단순한 봉사가 아니었다.

하나님은 우리가 생각지도 못한
새로운 길로 인도하고 계셨다.

남편은 NGO 센터의 운영을 맡아 관리하고,
사역을 체계적으로 정비하는 일을 시작했다.

나는 아이들과 청소년들에게 음악을 가르치며,
그들의 삶에
찬양과 희망을 심어주기 위해 노력했다.

우리가 예상했던 짧은 도움이 아니라,
하나님이 준비하신 새로운 사역이
우리 앞에 펼쳐지고 있었다.

씨엠립에서의 새로운 시작.

그것은 안식이 아니라,
우리를 다시금 부르시는
또 다른 사명의 길이었다.

그 길은 우리가 예상했던 것보다 훨씬 깊고 험난했다.

불청객, 괴한의 침입

* * *

밤이 깊어가던 NGO 센터.

희미한 달빛마저 삼켜버린 어둠 속에서,
나는 늦은 시간까지
아이들에게 음악을 가르치고 있었다.

지친 몸을 이끌고 잠시 숨을 돌리는 순간,
서늘한 기운이 스쳤다.

발코니 저편,
어둠 속에서 검은 그림자가 스며들듯 움직였다.

그는 서두르지 않았다.
오히려 내게 보라는 듯,
어둠을 천천히 가로질렀다.

도둑이라면 재빨리 몸을 숨겼겠지만,
그는 오히려 천천히 걸으며
일부러 나를 위협하려는 듯 보였다.

착각일 거라 애써 넘겼다.
예민해진 신경이 빚어낸 환영일 뿐이라 믿고 싶었다.

그러나 같은 시간,
남편 역시 같은 위협을 마주하고 있었다.

샤워를 마친 남편이 문을 열자,
그곳에 괴한이 서 있었다.

그는 손가락을 입술에 가져다 대며
'쉿.' 조용히 하라는 신호를 보냈다.

그리고는 미소를 지으며 조롱하듯,
천천히. 이내 발코니를 넘어
어둠 속으로 사라졌다.

그 순간,
아이들의 비명이 날카롭게 울려 퍼졌다.

문이 벌컥 열리고,
겁에 질린 얼굴들이 튀어나왔다.

"지붕 위에서 무서운 소리가 들려요!"

발꿈치로 지붕을 내리찍는
둔탁한 소리가 어둠 속을 갈랐다.

쿵. 쿵. 쿵.

무겁고 거친 발소리가
지붕을 짓누르며 울려 퍼졌다.

마치 지붕을 뚫고 내려올 듯
위압적인 소리.

공기가 얼어붙고,
숨소리조차 조심스러워졌다.

거대한 무언가가 위에서
서서히 다가오는 듯한
섬뜩한 기운이 퍼졌다.

40여 분 동안,
그들은 공포를 새기듯
우리의 신경을 갉아먹고,
흔적 없이 사라졌다.

도난당하거나 사라진 물건은 없었다.
단지, 위협만을 남긴 채 사라졌다.

NGO 센터의 운영 자리를 차지하기 위해,
누군가가 의도적으로
우리를 밀어내려는 계획을 세웠다.

우리를 몰아내려는
누군가의 메시지였다.

그러나
어둠이 짙어질수록, 빛은 더욱 선명해진다.

우리를 지키시는 분이 계시기에,
우리는 두려움 속에서도
담대히 맞설 수 있었다.

"지존자의 은밀한 곳에 거하는 자는
전능자의 그늘 아래 거하리로다.

나는 여호와를 향하여 말하기를
그는 나의 피난처요
나의 요새요
내가 의뢰하는 하나님이라 하리라."

_시편91:1-2

하나님의 보호하심

* * * *

가르치던 학생의 부모님이 프놈펜 경찰 간부였다.

그는 모든 인맥을 동원해
 즉시 우리를 보호해 주었다.

경찰이 센터를 수색하고,
경비를 강화하며,
괴한들이 다시는 접근하지 못하도록 조치했다.

우리가 이곳에 온 것은 결코 우연이 아니었다.
하나님께서 우리를 이끌고 계셨다.

그분은 친히 우리를
이 땅으로 인도하셨으며,

그 보호의 손길이
우리 안에 깊이 새겨져 있었다.

어둠이 덮쳐와도,
하나님의 빛은 결코 꺼지지 않았다.

우리는 그 빛 안에 서 있었다.

흔들리지 않는 믿음으로, 다시 나아가다

✳ ✳ ✳ ✳ ✳

그날 이후,
우리의 기도는 더욱 깊어졌다.

두려움이 우리를 덮칠 때,
우리는 무릎을 꿇었다.

흔들리는 감정 위에 믿음을 쌓고,
불안이 엄습할 때마다 더욱 간절히 하나님을 찾았다.

어둠은 우리를 위협할 수 있어도,
집어 삼킬 수는 없다는 것을 확신했다.

폭풍이 몰아쳐도,
하나님의 길은 흔들리지 않는다.

바람이 방향을 바꿔도,
그분의 부르심은 결코 달라지지 않는다.

우리를 부르신 분이 하나님이시라면,
우리를 지키실 분 또한 하나님이심을 믿는다.

그날의 사건이
우리를 더욱 강하게 만들었다.

우리의 발걸음은
이제 한 치의 망설임도 없이 나아갔다.

씨엠립에서의 사역은
이전보다 더 깊고 넓어졌다.

모든 고난을 지나온 뒤,
하나님은 더 크고 깊은 사명을 우리에게 맡기셨다

비바람이 몰아쳐도,
광야가 끝없이 펼쳐져도,
우리의 영혼은 빛을 향해 흔들림 없이 나아간다.

하나님의 손이 우리를 붙드시며,
그분의 빛이 어둠을 가르고,
우리 앞에 길을 새기시며,
우리를 부르신다.

"그가 너를 그의 깃털로 덮으시리니
네가 그의 날개 아래에 피하리로다.

그의 진실함은 방패와 손 방패가 되시나니
너는 밤의 두려움과
낮에 날아드는 화살을 두려워하지 아니하며."

_시편 91:4-5

3

찬양의 제사

고아들의 찬양, 아버지의 품에서

초록초록한 눈빛을 가진 작은 아이, 메시아 학교의 장학생이 되다.

*

메시아 학교에서
장학생을 선발한다는 소식이 전해지자,

한 선교사님은 작은 손을 꼭 잡은 채
한 아이를 데려왔다.

그 아이는 다섯 살 소녀였다.

작은 체구였지만,
그 눈빛은 다른 아이들과는 달리
매우 강렬하게 빛나고 있었다.

마치 그 작은 몸에 비해
세상을 다 담고 있는 듯한 눈빛이었다.

짠나는 조용히 서 있었지만,
그 눈동자 속에는
수많은 이야기가 담겨 있는 듯한 깊이가 있었다.

어린 나이에도 불구하고,
자신을 표현하는 태도 역시 정확하고 당당했다.

그 순간,
나는 그녀의 특별함을 직감했다.

이 작은 존재가
앞으로 어떻게 성장할지,

그리고 그 여정 속에서
내가 어떤 역할을 하게 될지
궁금해지기 시작했다.

짠나는
그렇게 메시아 학교의 첫 장학생으로 선택되었다.

부모 없이 살아온 그녀에게
이제 새로운 기회가 주어졌다.

배울 수 있는 환경이 주어졌고,
음악을 통해
자신의 재능을 펼칠 수 있는 기회도 주어졌다.

그녀는
하나님이 예비하신
놀라운 계획을 따라
한걸음씩 나아가게 되었다

＊＊

어느 날,
아이들 사이에서
이상한 소문이 떠돌기 시작했다.

"짠나가 선생님 집에서 산대!"

처음엔 웃어넘겼다.

하지만 같은 말을 하는 아이들이 점점 늘어났다.

궁금한 마음에
짠나를 불렀다.

"짠나야,
너 정말 우리 집에서 살고 싶어?"

그녀는 주저하지 않고 말했다.

"네, 선생님 집에서 살고 싶어요."

작은 목소리였지만,
그 말은 내 마음 깊숙이 스며들었다.

그 한마디는
마치 가슴 속 깊은 곳을 파고드는 듯한
강렬함을 안겨주었다.

한 번도 감정을 드러내지 않던 아이가,
오랫동안 마음 속에 품어왔을
아픔과 소망을
마침내 꺼내놓은 순간이었다.

그녀가 머물던 숙소는
더 크고 좋은 곳으로 옮겨질 예정이었다.

하지만
그녀가 원한 것은 단순한 공간이 아니라,
따뜻한 '품'이었다.

사랑과 관심이 가득한 가족이었다.

그 말 한마디가 가슴 깊숙이 박혀,
나를 아프게 했다.

처음에는
그저 단순한 말로 지나갈 줄 알았지만,
생각보다 훨씬 더 깊고 무겁게 내 안에 스며들었다.

그 말이 내 마음을 흔들며,
차가운 공기가
가슴 속까지 스며드는 듯한 기분이 들었다.

코끝이 찡하고,
눈시울이 뜨거워졌다.

"여호와를 경외하며
그의 길을 걷는 자는 복이 있도다.
네 집 안방에 있는
네 아내는 결실한 포도나무 같으며,
네 식탁에 둘러 앉은 자식들은
어린 감람나무 같으리로다."

_시편 128:1-3

가족이 되다

***

짠나는 결국 우리 집의 딸이 되었다.

남편을 '아빠',
나를 '엄마'라 불렀다.

처음엔 낯설었지만,
시간이 흐를수록 따뜻한 일상이 되어갔다.

그러나
가족이 된다는 것은
단순한 호칭으로 완성되지 않았다.

어느 날,
짠나와 셋째 딸 사이에 미묘한 긴장이 흘렀다.

눈빛이 날카로워지고,
말끝에 가시가 돋았다.

처음엔 사소한 신경전이었다.

하지만 날이 갈수록 감정이 쌓였고,
마침내 짠나는
참았던 울음을 터뜨렸다.

소리 내어 우는 모습을 처음 보았다.

항상 강해 보였던 아이가,
그렇게 무너졌다.

셋째도 방문을 걸어 잠갔다.

서로에게 기대했던 만큼,
서운함도 컸던 것이다.

그날 밤,
나는 아무 말 없이
그녀의 어깨를 가만히 두드려주었다.

오래 참았던 감정이 터져 나오고,
모든 눈물이 쏟아지고 나서야,
짠나는 깊은 숨을 내쉬었다.

시간이 지나면서
아이들은 서서히 서로를 이해하기 시작했다.

함께하는 시간이 상처를 주기도 했지만,
그럼에도
사랑으로 회복되는 것이 가족이었다.

짠나가 우리 집에 온 후,
식탁 위엔 한 개의 밥그릇이 더해졌다.

그녀의 웃음소리가
집 안 곳곳에 스며들었다.

가족은 피로 맺어지는 것이 아니었다.

함께 울고,
함께 웃으며,
함께 살아가는
그렇게 우리는,
진짜 가족이 되어갔다.

또한,
날이 갈수록 성숙해져가는
나의 자녀들이 너무 대견하고 자랑스럽다.

그들은 이제 단순히 나의 자녀들이 아니라,
함께 이 길을 걸어가는 동반자이자,

나의 삶을 더욱 풍요롭고
의미 있게 만들어주는
소중한 존재들이다.

고아들을 향한 하나님의 마음

✳ ✳ ✳ ✳

짠나를 키우면서,
나는 하나님의 마음을 깊이 깨닫게 되었다.

성경은 말한다.

> "하나님은 그의 거룩한 처소에 계시며,
> 고아의 아버지시며
> 과부의 재판장이시라."
> _시편 68:5

> "내가 너희를
> 고아와 같이 버려두지 아니하고
> 너희에게로 오리라."
> _요한복음 14:18

하나님의 마음에는 언제나,
보호받지 못하는 자들이 있었다.

그분은 아버지가 없는 자들의
아버지가 되어 주셨고,

사랑이 필요한 자들에게
자신의 사랑을 부어 주셨다.

처음에는
내가 짠나를 돌봐야 한다고만 생각했다.
그러나 시간이 흐를수록 깨달았다.

내가 그녀를 돌보는 것이 아니라,
오히려 그녀를 통해
내가 배우고 있었다.

내 믿음을 깊게 뿌리내리게 한
축복이었다.

고아를 향한 하나님의 사랑은
결코 추상적인 말이 아니었다.

그것은 살아 숨 쉬는 현실이었다.

그 사랑은
내 품 안에서 따뜻한 숨을 쉬고,

생생한 삶으로 피어나는
아이의 존재 속에 선명히 흐르고 있었다.

짠나가 나에게 그러했듯,
하나님은 우리에게
이 땅의 고아들을 향한 사명을 주셨다.

그들을 돌보는 것은
단순한 자비가 아니다.

하나님이 우리를 통해
세상을 바꾸시는 방법이다.

그것은
하나님이 우리에게 맡기신 거룩한 소명이다.

이 사명 앞에서
우리는 한 걸음도 물러서지 않을 것이다.

하나님께서 맡기신 이 거룩한 사명을
가슴에 새기고,

어떤 어려움이 닥쳐와도
끝까지 그 길을 걸어갈 것이다.

우리는 끝까지
이 사랑을 우리의 삶으로 보여줄 것이다.

우리가 품은 이 사랑이,
또 다른 아이의 삶을 변화시킬 것이다.

"이는 너희 믿음의 시련이
불로 연단하여도 없어지지 아니할
금보다 더 귀하여
예수 그리스도께 나타나실 때에
칭찬과 영광과 존귀를 얻게 하려 함이라."
_베드로전서 1:6-7

간증 짠나, 이아리
메시아학교 첫 번째 장학생

존경하는 목사님과 성도 여러분,

저는 캄보디아에서 온 18살 첼 짠나입니다. 저의 한국 이름은 이 아리입니다. 이렇게 여러분 앞에서 저의 이야기를 나눌 수 있게 되어 참으로 감사하고 기쁩니다. 제게 주어진 삶을 돌아보면, 하나님께서 제게 베풀어 주신 은혜와 사랑이 얼마나 크고 놀라운지 고백하지 않을 수 없습니다.

저는 캄보디아의 캄퐁참 지방에서 태어났습니다. 가난한 가정에서 3남 4녀 중 막내로 태어나, 부모님의 따뜻한 품 안에서 자랄 수 있기를 바랐지만, 현실은 그러지 못했습니다. 형편이 어려워 저는 겨우 다섯 살의 나이에 언니와 함께 프놈펜의 고아원으로 보내졌습니다. 어린 마음에도 왜 그래야 했는지 이해할 수 없었고, 밤마다 부모님이 그리워 눈물을 흘렸습니다.

고아원 생활은 쉽지 않았습니다. 하지만 그곳에서 한 가지 소중한 선물을 받았습니다. 바로 예수님을 만난 것입니다. 예수님의 사랑을 알게 되었고, 성경을 배우며 하나님께서 제 삶을 인도하신다는 것을 깨닫게 되었습니다. 그리고 하나님께서 저를 절대 혼자 두지 않으신다는 것을 마음 깊이 새기게 되었습니다. 하지만 그 행복도 오래가지 않았습니다.

고아원에서 생활한 지 얼마되지 않아, 또다시 다른 고아원으로 옮겨야 한다는 소식을 들었습니다. 그때 함께 지내던 언니와도 헤어져야 했습니다. 어린 나이에 가족과 이별하는 아픔을 또 한 번 겪어야 했습니다. 낯선 환경과 새로운 사람들 속에서 저는 또다시 적응해야 했습니다. 마음속에는 깊은 외로움과 두려움이 자리 잡았지만, 하나님께 의지하였습니다.

그러던 어느 날, 놀라운 기회가 찾아왔습니다. 메시아 학교의 장학생으로 선발된 것입니다. 믿을 수가 없었습니다. 한국 교회의 후원으로 운영되는 이 학교는 음악과 신앙 교육을 함께 받을 수 있는 곳이었습니다. 저는 하나님께서 제게 새로운 길을 열어 주신 것임을 깨달았습니다.

메시아 학교에 들어가면서 저는 새로운 부모님을 만났습니다. 바로 이일철 목사님과 정현주 선생님이었습니다. 그분들은 저를 단순히 학생으로 대하신 것이 아니라, 사랑으로 감싸 주셨습니다. 제가 처음으로 부모님이라 부를 수 있는 분들을 만나게 된 것입니다.

그리고 2017년 12월, 그분들은 저를 가족으로 받아 주셨습니다. 저는 더 이상 부모 없는 고아가 아니었습니다. 한 가정의 딸로, 부모님의 사랑을 받는 아이로 새롭게 태어난 것입니다. 그날부터 저는 한국말을 배우기 시작했고, 첼로 연습에도 더욱 매진했습니다. 하나님께서 제게 허락하신 이 놀라운 사랑에 보답하고 싶었습니다.

캄보디아에서는 예체능 교육이 거의 이루어지지 않습니다. 폴 포트 정권 시절, 수많은 예술가와 지식인들이 학살되었기 때문입니다. 예체능을 가르칠 교사도, 정부의 지원도 부족한 현실 속에서, 음악을 배운다는 것은 저와 같은 아이들에게는 꿈과도 같은 일이었습니다. 하지만 하나님의 은혜와 선교사님들의 헌신, 그리고 한국 교회의 사랑 덕분에 저는 악기를 배울 수 있었고, 하나님께 찬양을 올려 드릴 수 있었습니다.

이 자리를 빌어, 저를 사랑으로 품어 주신 부모님께 감사드립니다. 그리고 저를 장학생으로 선발해 주고, 꿈을 이룰 기회를 주신 한국 교회에도 깊이 감사드립니다. 여러분의 사랑과 기도는 저뿐만 아니라 많은 캄보디아 아이들에게 희망이 되었습니다. 저는 이제 혼자가 아닙니다. 그리고 제게 주어진 이 사랑을 다른 이들에게도 나누어 주고 싶습니다.

지금도 많은 캄보디아 아이들이 저처럼 가족을 잃고 방황하고 있습니다. 그들에게도 주님의 사랑이 전해지기를 간절히 소망합니다. 여러분의 사랑과 기도는 단순한 지원이 아니라, 캄보디아의 미래를 변화시키는 희망의 불씨가 될 것입니다.

저의 부모님은 프놈펜에서 10년 동안 사역하시다가, 약 2년 전 씨엠립으로 사역지를 옮기셨습니다. 오늘 이 자리에 함께한 친구들은 씨엠립에서 처음 악기를 배우기 시작한 아이들입니다. 아직 부족한 실력이지만, 하나님을 찬양하는 우리의 마음만큼은 누구보다 크고 뜨겁습니다.

여러분, 캄보디아의 아이들을 위해 기도해 주세요. 그리고 그들이 하나님 안에서 아름다운 꿈을 키워나갈 수 있도록 관심과 사랑을 보내 주세요. 여러분의 기도와 사랑이 우리에게 희망을 주고 있습니다.

오늘 이 간증을 통해 하나님의 사랑을 전할 수 있게 해주신 주님께 감사드리며, 이 자리에 함께해 주신 여러분께도 진심으로 감사드립니다.*

---

* 이 간증은 짠나가 한국 찬양 순회 연주에서 나눈 이야기입니다.

캄보디아 딸, 짠나 첼로 연주 동영상

Cambodian Daughter, Janna - Cello Performance Video

캄보디아 아이들, 한국 땅을 울리다.

연주의 시작 : 하나님이 여신 길

*

캄보디아의 작은 음악 교실.

창문 밖으로는
뜨거운 바람이 거칠게 불어오고,

숨이 턱 막히는 더위가
교실을 가득 채운다.

낡은 선풍기가
힘겹게 돌아가지만,
뜨거운 공기를 식히기엔 역부족이었다.

낮은 천장 아래,
땀을 뚝뚝 흘리며
악기를 잡은 아이들.

좁은 연습실
낡은 악기
조율조차 쉽지 않았다.

아이들 모두는 초보자였다.

바이올린은
서툰 손끝에서 삐걱거리는 소리를 낸다.

활의 움직임도,
손가락이 짚는 자리도 불안정했다.

하지만
하루하루 연습이 쌓이자
흩어진 음들은
마침내 선율을 찾아가기 시작했다.

처음엔
어색하고 따로 놀던 소리들이
하나둘 조화를 이루기 시작했다.

첼로가
부드러운 화음을 더했고,

플루트는
맑고 투명한 소리로 선율을 감싸 안았다.

피아노의 단단한 리듬이
흐름을 잡아주며,

어설펐던 연주는
점점 아름다운 찬양으로 변해갔다.

손때 묻은 악보는 이미 닳아 헤졌고,
구겨지고 찢어진 곳을
조심스레 테이프로 붙여가며 연습했다.

현악기의 줄도
몇 번이고 교체해야 했지만,

그 모든 순간이 배움이었고,
기도가 되었다.

우리의 연주가 단순한 음악이 아니라,
선교의 도구가 되기를
간절히 바라며 기도했다.

음악을 통해 올려드리는 찬양은
조금씩 온전한 하모니로 완성되어 갔다.

그러던 어느 날,
놀라운 소식이 전해졌다.

한국에서 연주할 기회가 열린 것이다.

서툰 음을 맞추며 연습하던
이 작은 마을의 아이들이,

이제 먼 나라에서
하나님을 찬양할 수 있게 된 것이다.

이 모든 것이 하나님의 섭리였다.

한국에 도착하다: 두려움 속에서 시작된 찬양

＊＊

비행기는 밤하늘을 날아
한국 땅에 도착했다.

차가운 공기가 아이들의 볼을 스쳤다.

처음 밟는 땅,
익숙하지 않은 언어,

수많은 낯선 얼굴들,
머릿속이 복잡해졌지만,

공항에서 마주한 따뜻한 환영에
마음이 조금 놓였다.

공항에서 교회로 향하는 차 안,
아이들은 창밖을 바라보며
말없이 생각에 잠겼다.

스쳐 지나가는 도시의 불빛보다도
가슴 속에서 피어오르는
긴장과 설렘이 더 뜨겁게 느껴졌다.

곧 서게 될 무대가 단순한 공연장이 아니라,
하나님께서 예비하신 자리임을
우리는 잘 알고 있었다.

낯선 곳에서 연주해야 한다는 부담감에
아이들은 긴장했다.

"과연 우리가 잘할 수 있을까?"

그러나
그 두려움 속에서도,

하나님께서 함께하신다는 믿음이
아이들의 마음을 붙잡아 주었다.

그리고 마침내,
첫 연주의 순간이 다가왔다.

조명이 하나 둘 켜지고,
조용한 긴장감 속에서
아이들은 서로의 눈을 마주보았다.

악기를 손에 쥐고,
떨리는 숨을 고르며
마음속으로 기도했다.

"하나님,
우리의 연주가 당신을 찬양하는 소리가 되게 해주세요.
우리의 선율이 당신의 영광을 선포하며,

듣는 이들의 마음에 주님의 사랑이 울러 퍼지게 하소서.
하나님을 영화롭게 하는 찬양이 되어 홀로 영광 받으소서."

눈물의 찬양: 성령이 임하신 시간

* * *

예배당에 찬양이 울려 퍼졌다.

첫 음이 흐르는 순간,
모든 것이 조용해졌다.

아이들의 연주는
하나의 거룩한 찬양이 되어
하늘로 올려졌다.

연주는 결코 화려하지 않았다.

작은 손끝에서 떨리듯 흘러나온 소리였고,
수많은 눈물과 기도로 다듬어진 찬양이었다.

가난과 굶주림 속에서도,
때로는 배를 곯으며,

때로는 맨발로 흙길을 걸으며
하나님을 노래하던 아이들이였다.

허기진 배를 움켜쥔 채 연습했다.
때로는 끼니를 거른 채 악기를 잡았다.

그래도 포기하지 않았다.

낡고 손때 묻은 악기들은
수없이 닳아버린 손가락 끝을 아프게 했고,

줄이 끊어질 때마다 다시 묶고,
다시 조율하며 연습을 이어갔다.

그렇게 흘린 땀과 눈물의 시간 끝에,
이제 아이들은 먼 타국,
한국의 예배당에 서 있었다.

여전히 설레고 떨리는 마음이었지만,
그들의 손끝에서 울려 퍼질 찬양이
하나님께 올려질 것을 믿고 있었다.

따뜻한 불빛 아래,
깨끗한 무대 위에서
여전히 같은 하나님을 찬양하고 있었다.

그들의 마음속에는
하나님을 향한 순전한 사랑이 가득했고,
그들의 찬양은 뜨겁고 간절했다.

연주가 계속될수록,
예배당은 숨죽인 채 귀를 기울였다.

이내 조용한 흐느낌이 들려오기 시작했다.

그 울음은 점점 번져나갔고,
성도들의 눈에는 눈물이 맺혔다.

   감격의 눈물
    회개의 눈물
     감사의 눈물

어떤 이는 두 손을 모아 기도했고,
어떤 이는 떨리는 목소리로 찬양을 따라 불렀다.

아이들의 연주는 믿음의 고백이었고,
마음 깊은 곳에서 흘러나온 간절한 기도였다.

그날,
하나님께서 그들의 찬양을 받으셨다.

그리고
그 자리에는 성령의 임재가 가득했다.

후원의 기적: 연주가 선교센터가 되다

✳ ✳ ✳ ✳

"이 아이들의 찬양이 제 삶을 흔들어 놓았습니다."

그날,
예배당에는 말로 표현할 수 없는 감동이 흘렀다.

선교를 멀게만 느꼈던 이들이,
그 순간 하나님의 부르심을
마음에 새기기 시작했다.

연주가 끝나자,
한 성도가 조심스럽게 다가왔다.

"이 아이들을 위해 제가 무엇을 할 수 있을까요?"

어떤 이는
흐르는 눈물 속에서 후원을 약속했고,

어떤 이는
자신의 삶을 돌아보며 선교적 삶을 결단했다.

그날 밤,
성도들은 정성을 모아 헌금을 내놓았다.

자신이 가진 작은 것이라도
하나님께 드리고 싶었다.

그때,
한 노인이 절뚝이는 걸음으로 천천히 앞으로 나섰다.

그의 손에는
여러 번 접힌 작은 봉투 하나가 쥐어져 있었다.

*"이 돈은 원래 제 병원비로 모아둔 것이었습니다.
하지만 이제는 저를 위해서가 아니라,
주님이 필요하신 곳에 드리고 싶습니다."*

노인의 손에 쥐어진 봉투는
두툼하지는 않았지만,

그 안에는 세상의 어떤 재물보다 값진
헌신이 담겨 있었다.

그들의 헌신은
또 다른 헌신을 불러일으켰고,
그 작은 정성과 사랑이 모여 기적이 되었다.

마침내
캄보디아 땅에
메시아 선교센터가 세워질 기반이 마련되었다.

아이들이 찬양했던 그 순간,
하나님은 사람들의 마음을 움직이셨다.

아이들의 연주는 선교의 불꽃이 되어
하나님께서 기쁘게 받으신 찬양의 제사가 되었다.

찬양이 부른 변화: 아이들과 한국 교회의 만남

*****

순회 연주가 계속될수록,
아이들의 연주는 더 깊어졌다.

더 이상 긴장하지 않았다.
두려워하지도 않았다.

그들의 연주는 이제,
하나님을 향한 가장 순수한 고백이 되었다.

한국 교회 곳곳에서
아이들의 찬양이 울려 퍼질 때마다,
성도들은 마음을 움직였다.

"우리가 이들을 초청해야 합니다."
"우리 교회에서도 이 감동을 나누고 싶어요."

그리고 실제로
많은 교회와 기관들이 아이들을 초청하기 시작했다.

어떤 기업에서는 직원들을 모아
아이들의 연주를 들었고,

어떤 신학교에서는
학생들이 그들의 찬양을 통해
선교에 대한 도전을 받았다.

그날의 찬양을 들었던
한 청년이 글을 보내왔다.

"나는 선교가 나와는 상관없는 일이라 생각했어요.
하지만 오늘, 이 작은 아이들의 찬양을 들으며
내 삶의 목적을 다시 생각하게 되었어요."

그렇게,
하나님의 일은 계속해서 퍼져 나갔다.

"여호와를 찬송할 것은
그가 아름다운 일을 하셨음이라.
온 땅이 이를 알게 할지어다."
_이사야 12:5

선교의 불씨를 남기며

* * * * * *

순회 연주를 마친 아이들은
다시 캄보디아로 돌아왔다.

그러나
그들의 찬양은 한국 교회 곳곳에 남아 있었다.

그들이 연주했던 자리마다,
선교에 대한 새로운 마음이 움트기 시작했다.

캄보디아에서 시작된 작은 음악 수업이,
이제는 선교의 씨앗이 되어
많은 이들의 마음을 움직이고 있었다.

아이들은 여전히 찬양하고 있다.

그들의 음악이 울려 퍼지는 곳마다,
하나님의 사랑이 선포되고 있다.

이 찬양이
당신의 교회와 일터에서도 울려 퍼지기를,
땅끝 오지부터 대도시의 빌딩 숲까지,

온 세상 어디에서든 이 찬양이 흐르고
하나님께 올려지기를 간절히 소망한다.

*"온 열방이 이 찬양을 통해 하나님을 예배하게 하소서!
모든 민족과 모든 나라가 이 노래로 주님을 찬양하게 하소서!"*

"새 노래로 여호와께 노래하라.
온 땅이여, 여호와께 노래할지어다!

여호와의 이름을 송축하며,
그의 구원을 날마다 선포할지어다.

그의 영광을 모든 민족 가운데에,
그의 기이한 행적을
모든 민족 가운데에 선포할지어다."

_시편 96:1-3

제3회 2023년 한국 순회 연주

한국 순회 중 아이들 찬양 영상

제4회 2024년 한국 순회 연주

간증 스레이나
정현주 선교사 - 제자

나는 스레이나, 열일곱 살 소녀입니다.

나는 캄보디아의 가난한 가정에서 태어났습니다. 우리 집은 너무 가난해서, 부모님은 열 명의 자녀를 먹여 살릴 수 없었습니다. 살아남기 위해 우리는 거리로 나가 구걸을 해야 했습니다. 나는 일곱 번째 딸로, 어릴 때부터 길거리에서 손을 내밀며 하루하루를 버텼습니다. 따뜻한 밥 한 끼는 꿈이었고, 길에서 잠들어야 하는 날도 많았습니다.

그러던 어느 날, 도로 한가운데에서 구걸을 하다가 차에 치일 뻔했습니다. 그 순간, '내 인생은 이렇게 끝나는 걸까?' 하는 두려움이 몰려왔습니다. 하지만 하나님은 나를 버리지 않으셨습니다.

그때, 한 캐나다인 사회복지사님이 우리를 발견했습니다. 우리를 안타까워하신 그분은 세 명의 남매를 자신의 집으로 데려가 돌봐 주셨습니다. 그곳에서 나는 처음으로 따뜻한 밥을 먹었고, 편안한 침대에서 잠을 잘 수 있었습니다. 무엇보다 더 이상 구걸하지 않아도 되었습니다. 그리고 처음으로 공부도 할 수 있게 되었습니다. 글을 배우고, 책을 읽으며 나에게도 새로운 삶이 가능하다는 희망을 품게 되었습니다.

그러던 중, 나는 정현주 선생님을 만났습니다. 선생님은 내게 음악을 가르쳐 주셨고, 나는 처음으로 바이올린을 잡아 보았습니다. 처음엔 서툴렀지만, 바이올린의 선율이 내 가슴을 울렸습니다. 나는 음악에 빠져들었고, 매일 연습했습니다. 음악을 통해 나는 말로 표현할 수 없는 감정을 나눌 수 있다는 것을 깨달았습니다. 음악은 나의 상처를 치유하고, 내 안에 새로운 꿈을 심어 주었습니다.

하지만 나의 남아 있는 일곱 남매는 여전히 거리에서 구걸하며 살아가고 있습니다. 그리고 나처럼 캄보디아에는 수많은 아이들이 가난과 절망 속에서 살아갑니다. 나는 이제 그 아이들을 위해 살고 싶습니다. 음악을 통해 희망을 전하고 싶습니다. 내가 받은 사랑을 다시 나누고 싶습니다. 그리고 무엇보다, 하나님의 사랑을 전하는 삶을 살고 싶습니다.

앞으로 어떤 어려움이 닥쳐도 나는 포기하지 않을 것입니다. 하나님께서 나를 이끌어 주실 것을 믿기 때문입니다. 나는 끝까지 인내하며 나아갈 것입니다. 그리고 언젠가, 나처럼 고통 속에 있던 아이들에게 희망과 꿈을 전하는 사람이 될 것입니다.

이제 나는 그 사랑을 기억하며, 나누며 살아가겠습니다.

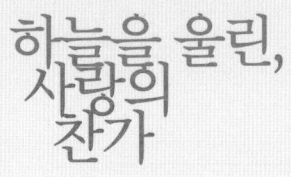

"이스라엘의 찬송 중에 계시는 주여,
주는 거룩하시니이다."

_시편 22:3

밤하늘을 가득 채운 찬양의 선율.

그 소리는
하늘 문을 두드리고,
땅끝까지 울려 퍼졌다.

사랑의 콘서트,
그 거룩한 순간이 시작되었다.

음악으로 하나 된 여정

*

메시아 필하모닉 앙상블은
끊임없는 연습과 열정으로 음악을 만들어갔다.

작은 마을에서 시작된 이들의 연주는
점점 더 넓은 무대로 퍼져 나갔다.

한국 순회 연주를 비롯해
캄보디아 곳곳에서도 초청을 받으며,

하나님께 찬양과 영광을 올려드렸고,
많은 이들과 주님의 기쁨을 나누었다.

그러던 어느 날,
한 목사님이 아이들의 연주를 듣고 깊은 감동을 받았다.

조용히 기도를 마친 그는 다짐하듯 입을 열었다.

"이 아이들에게 최고의 무대를 선물하고 싶습니다."

아이들의 연주에는
그들의 삶이 고스란히 담겨 있었고,
그 삶은 하나님의 기적이었다.

그 순간,
캄보디아 최초로
메시아 필하모닉 앙상블을 위한
합숙 훈련과 사랑의 콘서트가 계획되기 시작했다.

한국에서 온 특별한 손님들

* *

이 기쁜 소식을 듣고,
한국에서 40여 명의
목사님, 사모님, 그리고 청년들이
먼 길을 달려 씨엠립에 찾아오셨다.

그들은
메시아 아이들과 함께 지내며 합숙 훈련을 하고,
부흥회를 통해 신앙의 뜨거운 열정을 나누었다.

우리는 사랑으로 하나가 되었다.
함께 연습하며
하나님께 올릴 찬양을 더욱 아름답게 다듬었다.

누군가는 아이들을 가르치고,
누군가는 따뜻한 손길로 뒷바라지를 했다.

어느새 우리는 단순한 연주팀이 아니라,
한 가족처럼 서로를 위해 기도하고
응원하는 공동체가 되었다.

"마음을 같이하여
같은 사랑을 가지고
뜻을 합하며
한마음을 품어."

_빌립보서 2:2

마침내,
모든 준비가 끝났다.

우리의 마음을 담은 찬양이 울려 퍼질,
감동적인 사랑의 콘서트가 눈앞에 다가오고 있었다.

우기의 도전과 기도의 시작

* * *

그러나 문제는 우기철이었다.

한낮의 태양이 온 세상을 이글이글 달구다가도,
어느새 먹구름이 몰려와 하늘을 뒤덮고는
순식간에 거센 빗줄기를 쏟아냈다.

매일 오후 4~5시면
어김없이 찾아오는 폭우는
도시를 집어삼킬 듯 퍼부었고,
길거리는 금세 진흙탕으로 변했다.

오토바이가 유일한 이동 수단인 이곳에서
폭우는 단순한 불편이 아니라

사람들의 발길을 단번에 묶어버리는,
거대한 장벽과도 같다.

우리는 1,000명이 넘는 관객을 수용할
공연장을 믿음으로 예약했다.

이제 우리가 할 수 있는 건,
오직 기도뿐이었다.

콘서트 100일 전부터
우리는 특별 기도회를 시작했다.

사람들이 안전하게 올 수 있도록
길을 열어 주시기를 간절히 간구했다.

"하나님,
이 찬양이 캄보디아 땅 위에서 울려 퍼지게 해 주세요.

우리의 목소리가 비에 묻히지 않도록,
우리의 악기가 하늘을 향해 울려 퍼질 수 있도록,

주님, 이 날만큼은 맑은 하늘을 허락해 주세요."

우리의 기도는
하늘을 두드리는 연주처럼
밤낮없이 계속되었다.

그렇게 우리는
우기의 도전을 신앙으로 맞서기 시작했다.

기적의 날

* * * *

드디어,
운명의 날이 밝았다.

공연은 저녁 6시에 시작될 예정이었지만,
우리는 아침부터 하늘을 올려다보며 숨죽였다.

오후 4시,
먹구름이 몰려오기 시작했다.

회색빛 구름이 하늘을 뒤덮으며,
공연장 주변이 서서히 어두워졌다.

공기는 무겁게 가라앉았고,
멀리서 천둥이 울리는 소리까지 들려왔다.

공연장 주변의 나뭇가지들이 요동쳤고,
먼지들이 회오리처럼 일어나 허공을 맴돌았다.

우리 기도팀은 밖으로 뛰쳐나갔다.

온몸을 하늘을 향해 던지듯 두 손을 들고
간절히 외쳤다.

*"주님, 비를 멈춰주세요!
주님, 비를 멈춰주세요!"*

그리고 곧,
믿을 수 없는 기적이 눈앞에서 터져 나왔다!

거센 바람이 불더니,
검은 구름들이 갑자기 방향을 바꾸기 시작했다.

마치 보이지 않는 손이 그것을 밀어내는 듯했다.

우리 머리 위를 덮고 있던 구름이
공연장이 아닌,
먼 곳으로 흩어지기 시작했다.

우리는 숨을 죽이며
하늘의 변화를 지켜보았다.

그토록 간절히 기도했던 응답이,
지금 이 순간,
우리 눈앞에서 펼쳐지고 있었다.

그날,
하나님의 임재가 우리 가운데 선명히 드러났다.

사랑의 콘서트, 위대한 찬양의 밤

* * * * *

기다리던 순간이 찾아왔다.

그날의 찬양은
우리 기도에 대한 하나님의 응답이었고,

우리가 직접 목격한 기적의 증거였으며,
하나님께 올려 드리는 거룩한 예배였다.

객석을 가득 채운 사람들은,
마치 오래전부터 이 시간을 기다려왔다는 듯
한마음으로 찬양을 올려드렸다.

어느새 1,500명이 넘는 인파가 몰려들었다.

모두가 함께 찬양하고,
기도하고, 눈물을 흘렸다.

그곳은
하나님이 임재하시는 성전이 되었고,

모든 영광이 주님께로 향하는
거룩한 제단이 되었다.

마지막 찬양은
감격의 클라이맥스를 장식했다.

프놈펜과 씨엠립에서 모인 메시아 필하모닉 앙상블
한국에서 오신 목사님과 사모님, 청년들,

그리고 메시아 음악원의 아이들까지
모든 연주자와 찬양자가 한데 모였다.

그리고
장엄한 오케스트라와 합창의 대향연이 시작되었다!

"길을 만드시는 주!"

연주가 시작되자
거대한 선율이 공연장을 휘감았다.

바이올린과 첼로가
장엄하게 울려 퍼졌다.

우리의 합창은
강렬한 선언처럼 메아리 쳤다.

모든 관객과 함께 하는
수많은 목소리가 하나로 합쳐져,

주님을 찬양하는 그 선포는,
하늘을 향해 폭발하듯 솟구쳤다.

"주님은 길을 만드시는 분!
광야에 길을 내시고,
바다에 길을 여시는 분!"

찬양이 울려 퍼지자
하늘이 열리고,
땅이 진동하는 듯했다.

수 많은 목소리가 하나가 되어,
오직 주님만을 향해 외쳤다.

찬양은
우리의 신앙의 고백이 되어,

우리 앞길을 열어가시는
하나님의 능력을 선포하는 함성이 되었다.

하나님의 임재가 이곳을 가득 채웠으니,
누가 감히 그것을 부인할 수 있으랴!

마지막 음이 울려 퍼지고도,
아무도 쉽게 자리를 뜨지 못했다.

그날,
하나님께서 친히 세우신 거룩한 밤.

오직 그분의 영광만이 빛나던 밤이었다.

"온 땅이여
여호와께 즐거운 찬송을 부를지어다.

기쁨으로 여호와를 섬기며
노래하면서 그의 앞에 나아갈지어다.

여호와가 우리 하나님이신 줄 너희는 알지어다.

그는 우리를 지으신 이요
우리는 그의 것이니
그의 백성이요
그의 기르시는 양이로다.

감사함으로 그의 문에 들어가며
찬송함으로 그의 궁정에 들어가서
그에게 감사하며
그의 이름을 송축할지어다.

여호와는 선하시니 그의 인자하심이 영원하고
그의 성실하심이 대대에 이르리로다."

_시편100:1-5

4

선고, 끝없는 여정

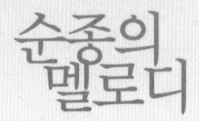

메시아 음악 사역은
점점 더 성장하여
새로운 길을 열어가며,
메시아 필하모닉 앙상블의 활동 또한 더욱 넓어졌다.

"여호와는 위대하시고,
찬송을 받으실 만한
경이로운 분이시며,
모든 신들보다 크시다.

여호와는 하늘을 지으신 분이시고,
존귀와 위엄이 그 앞에 있으며,
능력과 아름다움이 그 성소에 있도다."
_시편 96:4-6

음악 선교의 절실함

*

메시아 필하모닉 앙상블은
캄보디아 아이들로 구성된 찬양 사역팀이다.

클래식 음악을 공부하고,
악기를 선택하여
매일 연습하는 아이들로 이루어진 앙상블팀이다.

캄보디아 공립학교에는
예체능 과목 수업이 없다.

학교에서 음악을 배운 적이 없기에
음악을 모른다.

더욱이 악기의 이름은
사전에서나 접할 수 있는 단어들이다.

1970년대 폴 포트 대학살 시대를 거치면서
대부분의 예술가가 학살되었다.

즉, 음악과 악기를 가르칠 수 있는 교사가 없다.

악기를 연주할 수 있는 사람조차
생계를 위해 밤무대나 행사에서 연주하고,
시간당 연주비를 받으며 살아간다.

그리하여
클래식 음악조차 '딴따라'로 여겨지는 나라다.

우리나라도 처음 서양 음악이 들어왔을 때
클래식이 생소하고 낯설었던 것처럼,

캄보디아 역시
클래식 음악을 받아들이는 과정에 있다.

비록 문명이 발달하고
서양 문화가 유입되었지만,
이들에게 클래식 음악은 여전히 낯설다.

그럼에도
나는 이들에게 악기를 가르친다.

관현악, 피아노, 그리고 타악기 등
아이들이 희망하는 모든 악기를 지도한다.

"선교사님이
아이들에게 음악을 직접 가르치시나요?
아이들에게 음악과 악기 지도는 누가 하나요?

그럼
선교사님이 음악을 전공하셨나요?
무슨 악기를 전공하셨나요?"

음악 선교를 하면서 가장 많이 듣는 질문들이다.

나는 비전공 음악 선교사다.

전문적인 음악 지식이나 연주 능력은 없지만,
음악을 통해
하나님의 사랑을 전하는 사역을 하고 있다.

많은 사람들이 나에게 묻는다.

"음악을 전공하지도 않았고,
악기도 다룰 줄 모르는 사람이
어떻게 음악 선교를 할 수 있죠?"

어떤 이들은 내 상황을 이렇게 비유한다.

달리기도 못하는 사람이 체육을 가르치고,
미술을 잘 알지 못하는 사람이 수채화를 가르치고,
수술을 해본 적 없는 의대 교수가 해부학을 가르친다고.

사실,
이런 비교를 들으면 웃음이 나기도 하고,
한편으로는 아이러니하게도 느껴진다.

전문가가 아닌 내가
전문 분야를 가르친다는 것은
분명 큰 도전이다.

하지만 때로는
그 도전이
새로운 가능성을 여는 열쇠가 되기도 한다.

나는 비전공자이지만,
하나님의 부르심에 순종하였다.

음악이 가진 힘,
그리고 그 힘을 통해
하나님의 뜻을 전하는 것이
내 사역의 본질이다.

악기를 다룰 수 없지만,
음악을 통해 아이들에게
하나님을 찬양하는 법을 가르칠 수 있다는 믿음이 있다.

하나님의 부르심, 그리고 순종

＊ ＊

그렇다.
나는 음악을 전공하지 않은 선교사다.

그럼에도
내가 캄보디아 아이들에게
음악과 악기를 가르치는 이유는 단순하다.

첫째,
하나님은 찬양 받으시기에 합당하신 분이다.
우리는 창조주 하나님께 감사와 경배를 올려야 한다.

나의 죄를 대신 짊어지신
예수님께 드릴 수 있는 가장 큰 감사는 '찬양'이다.

그래서
나는 아이들에게 음악과 악기를 가르친다.
그들이 주님께 찬양을 올려드리길 간절히 바란다.

둘째,
주님 다시 오심을 기다리는 이 순간,

그리고 우리가 영원히 거할 천국에서도
우리가 할 수 있는 유일한 일은 '찬양'이다.

그곳에는 병을 고치는 의사도
타인의 억울함을 변론해 줄 변호사도
지식과 기술을 가르치는 선생님도
맛있는 요리를 만드는 요리사도 없다.

오직 주님께 찬양을 드리는 일만 가득할 것이다.

나는 캄보디아 모든 어린이들이
주님을 찬양하기를 기도한다.

셋째,
내가 아이들에게
음악과 악기 연주를 가르치는 이유는
주님이 나를 이 일을 위해 택하셨기 때문이다.

이 세상에는 많은 음악가들이 있다.
하지만 캄보디아에서는 음악가를 찾기가 어렵다.

대부분의 사람들이 음악을 전공하지 않는다.

프놈펜에는 두 곳의 대학교에서
음악을 가르치지만,
대부분의 학생들이 대학에 입학 후 악기를 시작한다.

즉, 음악 교육은 조기에 이루어져야 한다.
어릴 때부터 배우면 음정과 박자에 대한 이해가 쉽다.

악기 연습은 수많은 시간이 필요하다.

이 뜨거운 나라에서
악기를 배우고 연습하는 것은 힘들다.

바이올린을 오래 연습하면
목과 턱에 고름이 잡히고,

플루트를 오래 입에 대면
입술에서 피가 난다.

이런 일들은
땀에 흠뻑 젖은 채 연습할 때 자주 일어난다.

뜨거운 공기 속에서
흐르는 땀을 닦아낼 새도 없이
아이들은 연주에 몰입한다.

그래서 선풍기와 에어컨은
아이들이 집중해서 연습하는 데 꼭 필요하다.

음악 지도자는
아름다운 연주가 나오기까지
수많은 시간을 학생들과 함께 보내야 한다.

아름다운 소리는
연습 시간에 비례하기 때문이다.

*"그렇다면
누가 이 아이들과 함께 연습하며 시간을 보낼 수 있을까?"*

나는 순종으로 그들과 함께한다.

하나님은 찬양 속에 거하신다.
캄보디아 아이들의 찬양 속에 주님이 기뻐하신다.

이를 위해 주님이 나를 택하셨다.

나를 택하신 이유는 단 하나다.

나는 주님의 기쁨을 위해
무엇이든 순종한다.

하나님이 가장 기뻐하시는 것을 올려드리기 위해
나는 순종하였다.

아이들을 가르치고,
아이들과 함께 시간을 보낸다.

전문가이든,
전공자이든 나에게는 문제가 되지 않는다.

주님은 우리 모두를 택하셨다.

주님의 일꾼으로
주님의 사역자로

우리의 삶에서,
어느 곳에 있든지,
우리는 우리의 삶을 주님께 드려야 한다.

주님이 원하시는 일이 무엇인지 생각해 보고
한 가지씩 실천하며 나아가자.

전공하지 않았다고 주저하지 말자.
전문가가 아니라고 도망치지 말자.

부족한 나를 들어 주님 나라의 일꾼으로 삼으신
주님의 사랑에 감사드린다.

"내가 너를 모태에 짓기 전에
너를 알았고,
네가 태어나 나오기 전에
너를 성별하였으며,
너를 여러나라의 선지자로 세웠노라."
_예레미야 1:5

메시아 학교 전교생 연주 동영상

Messiah School All-Student Performance Video

메시아 필하모닉 앙상블 소개 동영상

Introduction Video of the Messiah Philharmonic Ensemble

메시아 필하모닉 앙상블 크리스마스 연주 동영상

Messiah Philharmonic Ensemble Christmas Performance

메시아 프로젝트, 하나님 나라를 향한

메시아 교회:

생명의 빛을 비추는 곳

메시아 음악원:

찬양이 울려 퍼지는 곳

메시아 기숙사:

잃어버린 아이들을 위한 하나님의 품

메시아 크리스천 학교:

믿음의 세대를 세우는 교육의 장

메시아 공동체:

하나님 나라를 확장하는 공동체

연단 후의 축복

*

캄보디아에서의 15년.

그것은 기다림이었고,
연단이었으며,
무엇보다 하나님의 기적을 배우는 시간이었다.

우리는
위협과 핍박,
절망과 가난 속에서도
하나님을 붙잡을 수밖에 없었다.

그러나
그 과정을 통해
하나님은 우리를 단련하시고,
마침내 기적을 보게 하셨다.

주님은
우리의 눈물을 닦아주시고,

기도에 응답하셨으며,
상상할 수 없는 은혜로 함께하셨다.

"너는 내게 부르짖으라.
내가 네게 응답하겠고
네가 알지 못하는
크고 은밀한 일을 네게 보이리라."
_예레미야 33:3

깜퐁츠낭의 작은 마을, 산 아래.
하나님은
우리에게 7,500평의 땅을 허락하셨다.

그분이 맡기신 사명을 이루기 위한
거룩한 기적의 땅.

이곳은 젖과 꿀이 흐르는 땅이 되어,
수많은 잃어버린 영혼들이
생명을 얻는 장소가 될 것이다.

이곳에서
울려 퍼질 찬양과 기도의 소리.
예배하는 아이들의 목소리.

그리고
하나님이 예비하신 놀라운 일들이
이 땅을 기쁨과 환희로 가득한
주님의 처소로 만들 것이다.

마침내,
이 땅 위에서
'메시아 프로젝트'가 시작된다.

교회에서 찬양이 울려 퍼지고,
고아들의 집에서는 사랑이 피어나며,

학교와 음악원에서는
다음 세대를 세우는
하나님의 사람들이 자라날 것이다.

메시아 교회:
생명의 빛을 비추는 곳

* *

이 땅은 여전히 영적인 어둠에 잠겨 있다.

사람들은 눈에 보이지 않는 불안에 사로잡혀,
조상의 노여움을 달래기 위해
쉼 없이 제사를 드린다.

사람들은 두려움을 피하려
사원를 찾아가고,
불공을 드리며,
불안한 날들을 살아간다.

염불 의식이 끝나면
잠시 안도하지만,
불안함은 다시 밀려와 그들을 짓누른다.

그들의 영혼에는 희망이 없다.
어둠에 갇힌 채 살아가는 사람들,
공허함과 절망 속에서
하루하루를 견딘다.

삶이란
그저 끝없는 두려움과 싸우는 과정처럼 보인다.

그러나 이제,
그 깊고 질긴 어둠을 뚫고
주님의 찬란한 빛이 이 땅을 비추기 시작한다.

메시아 교회는
죽어가던 영혼이 다시 숨을 쉬는 곳,
절망 속에서도 소망이 움트는 예배당이 된다.

그날,
내 영혼 깊숙이 울리는 음성을 들었다.

"이곳에 교회를 세우라."

그것은 단순한 생각이 아니었다.

마치 천둥처럼 선명한,
거스를 수 없는 하나님의 부르심이었다.

절망 속에서 신음하던 이들이
생명의 복음을 듣고,
다시 소망을 품게 된다.

무거운 짐을 진 채 살아가던 사람들이
자유를 얻고,

두려움에 묶여 있던 이들이
믿음으로 참된 평안을 누리게 된다.

이곳에서 울려 퍼지는 찬양은
하늘에 닿고,

그 찬양의 향기는
사람들의 마음을 변화시키며
깊은 예배로 흘러간다.

이 땅에
마침내
하나님의 나라가 임한다.

"주님, 이 황폐한 땅을 당신의 거룩한 성전으로 세우소서.
죽어가는 영혼들이 주님의 빛을 보게 하시고,
이 마을에 생명의 찬송이 끊이지 않게 하소서!"

메시아 음악원:
찬양이 울려 퍼지는 곳

* * *

아이들은 이곳에서
처음으로 바이올린을 잡고,

작은 손으로 피아노 건반을 누르며,
하나님께 올려드릴 찬양을 배운다.

떨리는 손끝이 첫 음을 내고,
서툰 손가락이 점차 선율을 익혀가며,
작은 목소리가 하나님을 향한 고백으로 자라난다.

"감사함으로
그의 문에 들어가며
찬송함으로
그의 궁정에 들어가서
그에게 감사하며
그의 이름을 송축할지어다."

_시편 100:4

이곳에서 울려 퍼지는 찬양은
하늘에 닿고,
그 향기는 깊은 예배로 변한다.

아이들의 선율이 캄보디아의 어둠을 뚫고,
영혼을 깨우는 거룩한 울림이 된다.

찬양이 있는 곳에
하나님의 임재가 있으며,

그 임재가 있는 곳에서는
기적이 일어난다.

아이들은 마음껏 찬양하고,
악기를 통해
하나님께 영광을 돌리며,

메시아 음악원은
그렇게 믿음의 선율로 성장해 나갈 것이다.

메시아 기숙사:
잃어버린 아이들을 위한 하나님의 품

✵ ✵ ✵ ✵

거리를 떠돌며 쓰레기더미를 뒤지는 아이들.
어둠 속에서 조용히 흐느끼는 작은 몸짓들.
이름도 없이 세상에 잊혀 가던 생명들.

세상은 그들을 외면했지만,
하나님은 단 한순간도
그들의 이름을 잊지 않으셨다.

> "여호와는
> 나그네를 보호하시며
> 고아와 과부를 붙드시고
> 악인의 길은 굽게 하시는도다."
> _시편 146:9

이곳은 버려진 아이들을 위한
하나님의 품이다.

굶주림 대신 사랑이,
눈물 대신 기쁨이 넘치는 곳.

따뜻한 보금자리에서
아이들은 새로운 이름을 얻고,
보호받으며
사랑받는 존재임을 깨닫는다.

기도와 사랑의 시간들이 쌓여,
그들의 눈빛 속에
희망의 빛이 다시 살아난다.

상처받은 마음이 치유되고,
찬양이 그들의 입술에서 흘러나오며,

하나님 안에서
꿈을 꾸는 아이들로 자라난다.

이곳은 단순한 쉼터가 아니다.

하나님의 사랑이 흐르고,
새로운 생명이 다시 피어나는
아버지의 품이다.

메시아 크리스천 학교:
믿음의 세대를 세우는 교육의 장

* * * * *

"지혜로운 자에게 교훈을 더하라.
그가 더욱 지혜로와 질것이요.

의로운 사람을 가르치라.
그의 학식이 더하리라."

_잠언 9:9

가난한 아이들에게도
교육은 특권이다.

그러나
이곳에서는 단순한 지식을 넘어,

하나님의 말씀 위에 세워진
참된 배움이 이루어진다.

수학과 과학,
역사와 언어를 배우는 그들의 책상 위에는
성경의 가르침이 함께 놓여 있다.

그들은 세상의 지혜를 익히되,
하나님의 관점으로 해석할 줄 아는 사람으로 자란다.

성경을 통해 세상의 기준이 아닌,
하나님의 진리로 사고하는 법을 배우며,

믿음으로 세상을 변화시킬
하나님의 사람이 된다.

"너희는 세상의 빛이라.
산 위에 있는 동네가 숨겨지지 못할 것이요."
_마태복음 5:14

이 교실에서 시작된 한 줄기 빛이
마을을 비추고,
도시를 흔들며,
마침내 캄보디아를 새롭게 한다.

복음으로 무장된
크리스천 인재들이 세워져
이 땅을 밝히는 하나님의 빛이 된다.

아이들은 예배자가 되고,
하나님의 말씀을 가르치며,
복음을 품고 세상을 향해 나아갈
거룩한 용사가 된다.

말씀으로 철저히 준비된
크리스천 지도자들이 양성되어,
다음 세대를 이끌 영적 리더들이 세워진다.
.
.
.
.

그리고
그날이 오면,

이곳에 심긴 작은 믿음의 씨앗들이
푸르고 웅장한 숲이 되어,
하나님을 찬양하는 거대한 합창이 된다.

메시아 공동체:
하나님 나라를 확장하는 공동체

* * * * * *

우리는 하나님의 사랑 안에서 한 가족이다.

서로를 돌보고 격려하며,
기쁨과 슬픔을 함께 나눈다.

기도로 시작하고
찬양으로 마무리하는 하루하루가 우리의 일상이다.

각자의 재능을 나누고,
섬김으로 공동체를 더욱 따뜻하게 만들어간다.

아이들의 웃음소리가 울려 퍼지고,
말씀의 가르침이 우리의 길을 인도한다.

함께 식탁에 둘러앉아 감사의 기도를 올리고,
따뜻한 음식을 나눈다.

어려운 일이 닥쳐도 손을 맞잡고 기도하며,
믿음으로 견뎌낸다.

누군가 넘어질 때는 서로를 붙들어 주며,
다시 일어설 용기를 준다.

우리의 예배는 단순한 형식이 아니라,
삶의 중심이 된다.

찬양 속에서 하나님의 임재를 경험하고,
말씀을 통해 삶의 방향을 찾는다.

세상의 빛과 소금이 되기 위해,
믿음으로 한 걸음씩 나아간다.

이곳은 단순한 공간이 아니라,
하나님의 사랑이 살아 숨 쉬는 집이다.

우리의 공동체는 사랑으로 지어져 가며,
하나님 나라를 향해 나아간다.

"새 계명을 너희에게 주노니
서로 사랑하라.
내가 너희를 사랑한 것 같이
너희도 서로 사랑하라.
너희가 서로 사랑하면
이로써 모든 사람이
너희가 내 제자인 줄 알리라."

_요한복음 13:34-35

하나님의 비전, 그리고 우리의 순종

****

이 모든 것은 우리의 계획이 아닌,
처음부터 끝까지,
하나님의 섭리로 이루어진 길이다.

우리는
때로는 앞이 보이지 않는 순간에도
오직 믿음 하나로 순종하며 한 걸음씩 내디뎠다.

때로는 길이 막혀 돌아서야 했고,
때로는 아무것도 손에 쥔 것 없이
빈손으로 나아가야 했다.

그러나
하나님께서는 그 작은 순종 위에 기적을 세우셨다.

버려진 아이들에게는
따뜻한 가정을 허락하시고,

배움이 닿지 않던 아이들에게는
지혜를 채워 주셨다.

찬양을 몰랐던 아이들에게는
예배의 감격을 가르쳐 주셨다.

그들의 입술에서
처음으로 '하나님 아버지'라는 고백이 흘러나올 때,
우리는 그 사랑이
이 땅을 새롭게 하고 있음을 깨달았다.

어둠은 물러가고,
생명의 빛이 서서히 퍼져 나간다.

두려움 속에서 귀신을 섬기던 이들이
이제는
하나님을 예배하며 찬양한다.

희망을 잃고 살아가던 영혼들이
복음을 듣고 새 생명을 얻는다.

이 모든 것을 이루게 한 것은
바로 우리의 순종이다.

순종은 기적의 씨앗이 되어,
하나님의 역사로 열매 맺는다.

하나님이 말씀하시면,
우리는 주저 없이 순종할 것이다.

그분이 길을 여시면,
우리는 망설임 없이 믿음으로 달려갈 것이다.

우리는 그 영광의 날을 갈망하며,
오늘도 무릎 꿇어 기도하고,
그분의 거룩한 부르심에 담대히 나아간다.

새로운 도전 앞에서

* * * * * * * *

우리는 지금
하나님이 예비하신 새로운 문 앞에 서 있다.

그러나
그 길이 결코 쉽지 않음을 잘 알고 있다.

사단은 가만히 있지 않을 것이다.

핍박과 반대가 따를 것이고,
재정의 한계와 행정의 장벽이
앞을 가로막으려 할 것이다.

그러나
우리는 두렵지 않다.

이미 하나님의 손길을 보았기 때문이다.

홍해가 갈라지고,
하늘에서 만나가 내리며,
반석에서 생수가 터져 나온 기적을
우리는 직접 경험했다.

그러므로 확신한다.

하나님께서 앞서 행하신다면,
어떤 장애물도 그 길을 막을 수 없다.

우리는 믿음으로 나아간다.

눈앞의 현실이 버겁고 불가능해 보여도,
낙심하지 않고 하나님의 약속을 붙든다.

모든 상황이 우리를 흔들려 해도,
그분의 음성이 들리는 순간,
우리는 주저 없이 달려갈 것이다.

끝나지 않는 선교

****

선교는 단기 프로젝트가 아니다.

한 번의 방문으로 끝나는
일회성 사역도 아니다.

선교는 우리의 삶이며,
하나님께서 맡기신 사명이다.

그분이 부르시는 그날까지,
우리는 이 길을 걸어가야 한다.

아직도 세상에는
이름 없이 버려지는 아이들이 있다.

보살핌을 받지 못한 채 굶주리고,
사랑을 알지 못한 채
외롭게 살아가는 아이들이 있다.

아직도
주님의 이름을 들어보지 못한 영혼들이 있다.

절망 속에서 길을 찾지 못한 채,
어둠에 묶여 신음하는 주의 백성들이 있다.

그러므로 우리는 멈출 수 없다.

부르심을 따라 달려가야 한다.
때로는 지치고 넘어질지도 모른다.

그러나 우리는 알고 있다.

이 길 끝에는
주님이 기다리고 계신다는 것을.

그러므로
우리는 다시 일어나,
믿음의 발걸음을 내딛는다.

부르심이 있는 곳에,
언제나 순종이 있을 것이다.

가야 할 곳이 있다면 주저 없이 가고,
품어야 할 영혼이 있다면 기꺼이 품으며,

이 땅 위에
하나님의 나라를 이루기까지 포기하지 않을 것이다.

우리의 연약한 힘이 아니라,
하나님의 능력으로.

우리의 한정된 계획이 아니라,
하나님의 완전한 뜻으로.

그리고 언젠가,
이 모든 여정의 끝에서 주님을 뵙는 날,

우리의 모든 걸음이
하나님의 은혜였음을 고백하게 될 것이다.

"주님, 모든 것이 은혜였습니다."

"이러므로
우리에게 구름 같이 둘러싼 허다한 증인들이 있으니,
모든 무거운 것과
얽매이기 쉬운 죄를 벗어 버리고,
인내로서
우리 앞에 당한 경주를 하며,
믿음의 주요
또 온전하게 하시는 이인 예수를 바라보자.

그는 그 앞에 있는 기쁨을 위하여
십자가를 참으사
부끄러움을 개의치 아니하시더니,
하나님 보좌 우편에 앉으셨느니라.

너희가 피곤하여 낙심하지 않기 위하여
죄인들이 이같이 자기에게 거역한 일을 참으신
이를 깊이 생각하라."

_히브리서 12:1-3

이아라 협연 동영상 / 차르다시

Iara Performing Czardas in Collaboration

부르심 앞에서

*

세상은 크고,
복음을 모르는 영혼들은 셀 수 없이 많다.

그들은 어둠 속에서 방황하며
희망 없이 길을 잃고 있다.

그들은 두려움과 고통 속에서 신음하며,
오늘도 구원의 빛을 간절히 갈망하고 있다.

그런데
우리는 지금 무엇을 하고 있는가?

'누군가'가 대신 가 주길 바라며,
여전히 안전한 삶 속에 안주하고 있지는 않은가?

예수님은 우리에게 분명히 말씀하신다.

"그러므로 너희는 가서
모든 민족을 제자로 삼아
아버지와 아들과 성령의 이름으로
세례를 베풀고,
내가 너희에게 분부한 모든 것을
가르쳐 지키게 하라."
_마 28:19-20

선교는 선택이 아니다.

그것은 주님의 명령이며,
모든 그리스도인의 의무다.

그럼에도 많은 사람들이 이렇게 말한다.

"나는 부름받지 않았어요."
"나는 준비되지 않았어요."
"나는 가진 것이 없어요."

성경 어디에도
'부르심을 받지 않으면 가지 말라'는 말은 없다.

'준비가 되면 가라'는 말씀도 없고,
'가진 것이 많으면 가라'는 조건도 없다.

'너는 준비되었느냐?'
'너는 충분히 강하냐?'

하나님은 우리에게 이렇게 물으시지 않는다.

그러나
하나님은 단 하나만 물으신다.

"너는 나를 사랑하느냐?"

우리가 주님을 사랑한다면,
우리는 가야 한다.

우리가 주님을 사랑한다면,
우리는 순종해야 한다.

우리가 주님을 사랑한다면,
우리는 우리의 삶을 드려야 한다.

한 사람의 헌신이
수많은 생명을 살리고,

한 사람의 순종이
어둠 속 영혼을 깨우며,

한 사람의 기도가
하늘의 문을 연다.

우리는 이미 그 기적을 보아왔다.

이제,
우리 모두는 그 한 사람이 되어야 한다.

지금 이 순간,
주님의 음성이 들리는가?

어둠 속에서 신음하는 영혼들의
울음소리가 들리는가?

이제 나아가자!
이제 행동하자!

세상은
여전히 주님의 사랑의 복음이 필요하다.

하나님은
여전히 우리를 부르신다.

어떤 이는 직접 가서 복음을 전하며
어떤 이는 물질로 선교사를 후원하며
어떤 이는 단기 선교를 통해 하나님의 일에 동참한다.

이 선교는
모든 그리스도인이 감당해야 할 사명이다.

우리가 움직일 수 있는 시간은 많지 않다.
우리에게 남겨진 기회도 그리 많지 않다.

주님 다시 오시는 그날

하나님께서 이루신 놀라운 일들,
우리의 헌신이 맺은 아름다운 열매,
구원받은 수많은 영혼들이 함께 모여,

지극히 높으신 하나님의 이름을 찬양하는

그 순간을 맞이하리라.

주여, 어서 오시옵소서!

✱ ✱

선교는 사명이다.
모든 그리스도인이 감당해야 할 본질이다.

선교는 도전이다.
두려움을 버리고 믿음으로 뛰어들라.

선교는 열정이다.
불타는 헌신이 세상을 변화시킨다.

선교는 결단이다.
망설이지 말고 지금 순종하라.

사랑하는 믿음의 형제, 자매여
이제는 주저하지 말자.

믿음으로 나아가 담대히 순종하자!

감사의 글

이 모든 여정은 하나님의 은혜로 시작되었으며, 이 책이 완성되기까지 하나님의 신실하신 손길이 함께하셨습니다. 먼저, 선교의 부르심을 주시고 한 걸음 한 걸음 인도해 주신 하나님께 모든 영광과 감사를 올려드립니다. 부족한 저를 들어 하나님의 사랑을 전하게 하신 은혜에 그저 감격할 뿐입니다.

가장 가까이에서 함께 선교의 길을 걸으며 주님의 사역을 아름답게 감당하고 있는 사랑하는 남편(이일철 목사)과 보배로운 자녀(이아라, 이아론, 이아린, 이아란, 그리고 가슴으로 품은 캄보디아 딸 짠나 이아리), 변함없는 사랑으로 늘 곁에서 응원해 주신 부모님과 형제·자매, 그리고 따뜻한 믿음의 길을 함께 걸어온 형님과 조카, 든든한 버팀목이 되어 주신 아주버니께도 깊이 감사드립니다. 우리의 삶이 언제나 예측할 수 없는 길이었지만, 그 모든 과정 속에서 함께 믿음으로 걸어와 준 여러분이 있었기에 오늘도 담대히 나아갈 수 있습니다.

또한, 이 길을 함께 걸어준 바히르 챔버 오케스트라, 청소년 무지개 징검다리, 드림 플룻 앙상블, 아시아 미션 파트너스, 기독교 헤럴드 신문사, 때때로 아이들에게 필요한 현악기 줄을 제공해주신 이우광 교수님, 그리고 캄보디아 메시아 음악 감독 유병용 목사님을 비롯한 많은 동역자들과 선생님들, 사랑하는 캄보디아 제자들, 그리고 현지 교회 아이들까지. 여러분이 있었기에 이 선교 사역이 지속될 수 있었습니다. 기도로, 헌신으로, 때로는 눈물로 이 땅을 섬겨준 모든 분들께 진심으로 감사드립니다.

아울러, 저희 사역을 위해 기도해 주시고, 재정적으로 후원해 주시며, 언제나 따뜻한 마음으로 격려해 주신 모든 교회와 후원자님들께도 깊이 감사드립니다. 여러분의 사랑과 희생이 이 사역의 든든한 기둥이 되었습니다.

이 책을 읽고 있는 당신, 지금 이 순간 선교의 부르심 앞에서 고민하고 있는 당신께도 감사드립니다. 이 책이 당신의 삶에 작은 도전이 되기를, 그리고 선교의 부르심 앞에 담대히 순종하는 계기가 되기를 간절히 기도합니다.

마지막으로, 이 책이 세상에 나오기까지 기도로 동행해 주시고, 물심양면으로 도와주신 모든 분들께 다시 한번 깊이 감사드립니다. 주님 다시 오시는 그날까지, 우리는 계속 나아갈 것입니다.

Messiah Mission History

2011.09	이일철, 정현주 선교사 가족 캄보디아 입국
2012.09	메시아 크리스천 홈스쿨 시작
2013.10	메시아 크리스천 학교 설립
2015.02	캄보디아 교육부 인가
2015.04	클래식 악기 교육 시작
2016.01	메시아 음악악기 교육과정 신설
2016.12	제1회 메시아 음악캠프
2017.01	메시아 필하모닉 앙상블 창설
2017.01	드림플룻앙상블 / 메시아 앙상블 협연
2017.06	One in Christ 콘서트, 베델 오케스트라 협연
2017.07	대전 청소년 징검다리 오케스트라 협연
2017.12	메시아 필하모닉 앙상블 크리스마스 콘서트
2018.04	제1회 메시아 필하모닉 앙상블 한국순회연주
2018.08	제2회 메시아 국제 음악캠프 & 오케스트라 연주
2019.04	제2회 메시아 필하모닉 앙상블 한국순회연주
2019.09	프놈펜 심포니 오케스트라 창단 협연 (바이올린 이아라)
2020.04	메시아 크리스천 학교 온라인 과정 개설
2021.04	교장 이취임식: 이일철 선교사 사임, 티어라 목사 부임

2021.04	씨엠립 음악악기 교육 시작
2022.07	메시아 크리스천 학교 이전, 현위치 (프놈펜, 프사축미어)
2023.02	바히르 챔버 오케스트라 & 메시아 앙상블 협연 (씨엠립)
2023.07	제3회 메시아 필하모닉 앙상블 한국순회연주 및 바히르 뮤직캠프
2023.08	제3회 메시아 AMP 음악캠프 및 찬양콘서트 (씨엠립)
2023.12	메시아 앙상블 크리스마스 콘서트 (씨엠립)
2024.01	씨엠립 메시아 음악원 고아 음악교육 시작
2024.04	메시아 음악학교 깜뽕츠낭주 이전
2024.04	제4회 메시아 필하모닉 앙상블 한국순회연주 (모금 1차)
2024.08	제5회 메시아 필하모닉 앙상블 한국순회연주 (모금 2차)
2024.12	메시아 프로젝트 부지구입
2025.03	메시아 교회 건축 헌당
2025. 현재	메시아 건축 프로젝트 중 / 캄보디아 깜뽕츠낭주 프놈타삼 마을

앞으로의 메시아 프로젝트
-'하나님의 나라를 향한 비전'

하나님께서 허락하신 약 7천 평의 땅 위에서, 우리는 더욱 확장된 선교 사역을 준비하고 있습니다. 지금까지 메시아 음악원과 학교를 통해 많은 아이들이 음악을 배우고, 찬양을 통해 하나님을 경험하는 놀라운 일이 일어나고 있습니다. 그러나 이것은 시작일 뿐입니다.

우리는 먼저 교회 건축을 완성하는 것을 목표로 하고 있습니다. 이곳은 단순한 예배당이 아니라, 찬양과 기도가 끊이지 않는 영적 센터가 될 것입니다. 이곳에서 수많은 영혼이 하나님을 만나고, 회복과 부흥을 경험할 것입니다.

또한, 많은 고아들과 소외된 아이들이 가정을 경험하며 안전하게 생활할 수 있도록 기숙사를 세울 예정입니다. 여기에서 아이들은 하나님의 사랑 안에서 자라며, 믿음의 사람으로 양육될 것입니다.

메시아 음악원 건물도 속히 건축되어져야 합니다. 우리는 단순한 음악 교육을 넘어, 찬양 사역자를 양성하는 훈련의 장이 되기를 소망합니다. 이곳에서 배운 아이들이 캄보디아와 세계 곳곳에서 복음을 전하는 음악 선교사로 세워질 것입니다.

뿐만 아니라, 크리스천 학교를 세워 더 많은 아이들에게 교육의 기회를 제공할 것입니다. 이 학교는 단순한 학업을 넘어, 하나님의 말씀을 중심으로 아이들이 성장하는 믿음의 터전이 될 것입니다.

이 모든 사역을 위해서는 더 많은 장·단기 선교사들이 필요합니다. 음악을 가르칠 분들, 아이들을 교육할 교사, 건축과 행정으로 섬길 분들, 그리고 무엇보다 기도와 후원으로 함께할 분들이 절실합니다.

메시아 프로젝트는 단순한 건축 계획이 아니라, 캄보디아를 향한 하나님의 비전입니다. 이 땅에서 찬양이 끊이지 않고, 하나님의 나라가 확장되도록 우리는 최선을 다해 달려가고 있습니다.

이 책을 읽고 하나님께서 마음을 주셨다면, 함께 기도해 주세요.

그리고 이 거룩한 여정에 여러분도 동참해 주시길 간절히 바랍니다.

"하나님의 나라를 세우는 일에 함께 하시겠습니까?"

선교   각자의 자리에서 동참하는 방법

선교는 특정한 사람들만의 사명이 아닙니다. 누구나 각자의 자리에서 선교에 동참할 수 있습니다. 직접 선교지에 가지 않더라도 다양한 방법으로 하나님 나라를 확장하는 일에 함께할 수 있습니다. 여기, 각자의 상황과 역할에 맞게 선교에 참여할 수 있는 방법들을 정리해 보았습니다.

1. 직접 선교지에서 할 수 있는 일 (단기 & 장기)

* 단기 선교

단기 선교는 의료, 교육, 건축, 찬양, 봉사 등 다양한 사역을 통해 선교지에서 단기간 동안 직접 봉사하는 것입니다. 단기 선교를 통해 선교지를 방문하면, 현지 선교사들에게 큰 격려가 될 뿐만 아니라 선교의 필요를 직접 경험할 수 있습니다. 또한 어린이, 청소년, 지역 주민들을 위한 다양한 프로그램을 운영하며 복음을 전하는 기회가 됩니다.

* 장기 선교

장기 선교는 보다 깊이 있는 사역을 위해 선교지에서 오랜 기간 거주하며 복음을 전하는 방식입니다. 선교지에서 교회를 개척하고, 현지인들을 대상으로 제자훈련을 하며, 선교지 학교를 운영하는 등의 역할을 감당할 수 있습니다. 또한, 지역사회를 개발하고 현지인들에게 농업이나 기술 교육을 제공하는 등의 방법으로 선교지 주민들의 삶을 돕고 복음을 전할 수 있습니다. 장기 선교를 위해서는 현지 언어와 문화를 배우고, 현지인들과 함께 생활하며 자연스럽게 복음을 전하는 과정이 필요합니다.

2. 선교지에 가지 않고도 할 수 있는 일

*** 물질 후원**

물질 후원은 선교사와 사역을 돕는 중요한 방법입니다. 선교사들의 생활비와 교육비, 의료비 등을 지원할 수 있으며, 선교지의 학교와 고아원이 원활히 운영될 수 있도록 재정을 후원할 수도 있습니다. 또한, 악기, 책, 컴퓨터 등과 같은 필요한 물품을 보내어 선교지의 사역이 더욱 활성화될 수 있도록 도울 수 있습니다. 특정한 프로젝트, 예를 들어 우물 건설이나 전기 공급 같은 사역을 지원하는 것도 선교에 동참하는 좋은 방법입니다.

* 기도 후원

　기도 후원 역시 중요한 사역입니다. 선교지에서 사역하는 선교사들은 영적 전쟁 속에서 많은 어려움을 겪고 있습니다. 선교사들과 선교지를 위한 중보기도 모임을 운영하며 지속적으로 기도할 수 있습니다. 또한, 정기적으로 선교사들의 기도 제목을 나누고 함께 기도하는 것도 강력한 선교 동참의 방법입니다.

* 전문 기술 지원

　전문 기술 지원을 통해서도 선교에 참여할 수 있습니다. 예를 들어, 온라인을 통해 선교지의 행정 및 재정 관리를 도와줄 수 있습니다. IT 및 미디어 기술을 활용하여 선교지에서 제작한 영상이나 SNS를 통해 선교 사역을 홍보하는 것도 좋은 방법입니다. 또한, 번역 및 통역을 지원하여 선교지에서 필요한 언어 자료를 번역하거나 통역을 제공함으로써 복음이 효과적으로 전달될 수 있도록 도울 수 있습니다. 이 외에도 법률, 의료, 상담 등 자신의 전문 지식을 활용하여 선교사와 선교지를 도울 수 있습니다.

* 네트워크 형성

 네트워크를 형성하는 것도 선교에 중요한 역할을 합니다. 자국에서 선교에 관심 있는 사람들을 모아 정기적인 모임을 만들고, 선교사와 후원자를 연결하여 지속적인 후원 체계를 구축하는 것이 가능합니다. 선교 관련 컨퍼런스나 세미나에 참석하여 선교를 배우고 홍보하는 것도 선교에 기여하는 중요한 방법입니다.

* 창업 및 비즈니스 선교

 창업 및 비즈니스 선교를 통해 지속 가능한 경제적 기반을 마련하는 것도 선교의 한 형태입니다. 선교지에서 사회적 기업을 운영하거나 현지인들에게 직업 교육을 제공하고 일자리를 만들어 주는 것이 가능합니다. 이를 통해 현지인들이 경제적 자립을 이루도록 돕고, 자연스럽게 복음을 전할 수 있는 기회를 마련할 수 있습니다.

3. 일상 속에서 선교적 삶 살아가기

*** 주변 외국인들에게 복음 전하기**

선교는 특정한 지역에서만 이루어지는 것이 아니라, 우리가 있는 곳에서도 충분히 실천할 수 있습니다. 주변의 외국인들에게 관심을 가지고 그들에게 복음을 전하는 것이 한 가지 방법이 될 수 있습니다.

*** 지역 교회에서 선교팀 참여하기**

지역 교회에서 선교팀에 참여하여 선교를 배우고 협력하는 것도 가능합니다. 선교사들의 필요를 지속적으로 듣고 그들을 돕기 위해 노력하는 것도 선교에 동참하는 방법입니다.

*** 선교적 삶을 간증으로 나누기**

선교적인 삶을 살아가며 간증을 주변 사람들과 나누는 것도 복음을 확산하는 데 큰 역할을 합니다. 선교는 단순히 먼 나라로 가는 것만이 아니라, 우리가 어디에 있든 하나님께서 주신 재능과 자원을 사용하여 선교에 동참할 수 있는 것입니다.

선교는 함께할 때 더 큰 열매를 맺습니다. 각자의 자리에서 하나님 나라를 확장하는 일에 기쁨으로 동참하시기를 바랍니다.

이처럼 선교는 특정한 교육과 훈련을 받은 사람들만의 영역이 아닙니다. 하나님께서 각 사람에게 주신 달란트를 통해, 삶의 모든 자리에서 자연스럽게 흘러가야 하는 본질적 사명입니다.

하나님은 완벽한 준비가 된 사람을 찾지 않으십니다.
오직 기꺼이 순종하는 자를 통해 그분의 일을 이루십니다. 그러므로 선교는 특정한 장소나 시간에 국한되지 않습니다.

지금 숨 쉬고 있는 이 순간, 당신이 서 있는 바로 그곳이 선교지입니다. 당신의 삶 자체가 하나님 나라를 확장하는 도구입니다.

하나님께서 부르셨다면, 바로 지금이 그때입니다.
선교는 선택이 아닙니다.
하나님의 자녀라면 누구나 감당해야 할 거룩한 소명입니다.

더 이상 망설이지 마십시오.
당신이 있는 그 자리에서, 당신이 가진 달란트로 하나님의 사랑을 전하십시오.

이 순간이 결단할 때입니다.
지금, 선교의 발걸음을 내딛으십시오!

QR코드로 유튜브 동영상 시청하는 방법 안내

1. QR코드 스캔 방법

① 스마트폰의 카메라 앱을 실행합니다.

② 카메라로 책에 인쇄된 QR코드를 천천히 비춥니다.

③ 화면에 링크가 자동으로 나타나면,

　해당 링크를 터치하여 유튜브 채널 또는 영상으로 이동합니다.

2. 유튜브 영상 시청 방법

① QR코드를 통해 연결된 화면에서,

　'유튜브'라는 글씨나 영상 제목을 누르면 관련 영상을 바로 시청하실 수 있습니다.

② 동영상은 반복 시청이 가능하며, 유익하셨다면 '좋아요'와 '구독'도 부탁드립니다.

3. 참고 사항

QR코드가 인식되지 않을 경우,

① 스마트폰의 밝기를 높이거나

② 렌즈를 깨끗이 닦아보시기 바랍니다.

③ 일부 기종에서는 QR코드 스캔 앱이 필요할 수 있습니다.